TRAITÉ

DES

EUNUQUES,

DANS LEQUEL

On explique toutes les différentes sortes
d'Eunuques, quel rang ils ont tenu,
& quel cas on en a fait, &c.

*On examine principalement s'ils sont propres
au Mariage, & s'il leur doit être
permis de se marier.*

Et l'on fait plusieurs Remarques curieuses &
divertissantes à l'occasion des

EUNUQUES, &c.

Par M***. D***.

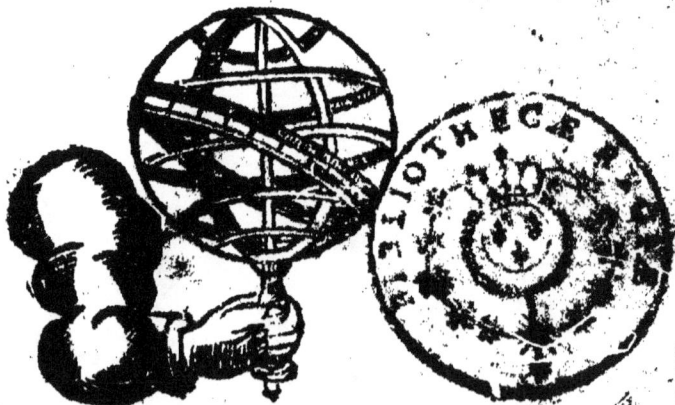

Imprimé l'an M. DCC. VII.

EPITRE
DEDICATOIRE
A
Mᴿ BAYLE.*

MONSIEUR,

J'ai à vous rendre compte de deux cho-
ses qui me justifieront envers vous de la
liberté que je prends de vous adresser cet
Ouvrage, & qui nous justifieront l'un &
l'autre envers le Public, si vous trouviez
à propos de le faire mettre sous la Pres-
se pour lui en faire part.

La prémiére, que je ne me suis point
ingéré de mon chef à traiter le sujet qui
fait la matiére de cet Ouvrage ; l'occa-

* 2   *sion*

---

* Comme l'illustre Mr. Bayle étoit encore en
vie quand cette Dédicace a été faite , on n'a pas
trouvé qu'il fut nécessaire d'y rien changer ,
quoi qu'il soit mort depuis.

EPITRE

fion qui m'y a engagé eſt aſſez ſinguliére.
Il y avoit autrefois ici pluſieurs Eunuques Italiens, Muſiciens, qui y faiſoient
groſſe figure. Ils ſe flattérent de faire
de grandes & d'illuſtres Conquêtes, mais
ils ſe trompérent ; nos Dames ne ſe laiſ-
ſérent point éblouïr, & ne ſe payérent
point de la bagatelle. * Un Gentilhomme
François d'un eſprit gai & enjoué les en
railla par ces Vers jolis & pleins de
ſel.

Je connois plus d'un Fanfaron
  A crête & mine fiére,
Bien dignes de porter le Nom
  De la Chaponardiére.
Crête aujourd'hui ne ſuffit pas
  Et les plus ſimples Filles,
De la Crête font peu de cas
  Sans autres Béatilles.

Cependant il y en a eu une qui s'eſt
laiſſe charmer , & qui a prêté l'oreille
aux propoſitions de mariage qui lui ont
été faites par un de ces Eunuques. Une
Perſonne que je conſidére beaucoup , m'a-
yant prié de lui dire mon avis , & de le lui
donner raiſonné par écrit , en forme de
conſultation, pour détourner cette jeune fille

ſa

* Mr. de Montpinſlon.

DEDICATOIRE.

*fa parente du deffein qu'elle avoit d'entrer dans un tel engagement, ou en tout cas pour s'en fervir ailleurs en cas de befoin. J'y ai travaillé avec plaifir, & j'ai trouvé qu'infenfilement j'avois fait un Livre, de forte qu'au lieu de laiffer mon Ouvrage fous la forme qu'on me l'avoit demandé, je lui ai donné celle qu'il a préfentement. Je vous avouë que l'extrait que l'illuftre Mr. de Beauval a donné * du Livre de Mr. Bruknerus intitulé,* Décifions du Droit Matrimonial, *n'a pas peu contribué à m'engager dans un éxamen éxact de cette queftion. J'aurois extrémement fouhaité qu'il eût bien voulu dire ce qu'il en penfe, & peut-être lui en fournirai-je l'occafion par ce petit Effai lors qu'il en donnera l'extrait.*

Les Perfonnes fcrupuleufes trouveront peut-être que c'eft là plûtôt l'occupation d'un homme oifeux, que d'un curieux qui cherche à s'inftruire. Hujufmodi hærere quæftionibus non tàm ftudiofi quàm otiofi hominis effe videtur, *comme parloit Saint Jérôme confulté par Vitalis fur la fécondité prématurée d'Achas. Ainfi il eft bon de les pré-*

* 3

* Hiftoire des Ouvrages des Savans, Mois de Janvier, Février & Mars 1706. pag. 84. & fuiv.

prévenir, ou de les détromper, en leur apprenant que la vocation de l'examiner m'a été légitimement adressée.

Ce n'est pas que je crusse avoir fait un mal, quand je me serois avisé, pour me divertir, & pour changer mes occupations sérieuses dans une étude plus divertissante, de traiter cette matière. Le Docte Mollerus a fait un Livre qui a pour titre, Discursus duo Philologico-Juridici prior de Cornutis, posterior de Hermaphroditis eorumque jure, uterque ex jure Divino, Canonico, Civili, variisque historiarum monumentis, horis otiosis congesti, à M. Jacobo Mollero. Et cet Ouvrage n'a point deshonoré son Auteur, ni diminué l'estime que le Public avoit pour lui. Il est difficile, je l'avouë, de parler des Eunuques sans dire certaines choses capables de choquer un peu la pudeur d'une femme. Mais à l'égard de l'Auteur cela ne lui fait aucun tort, il s'en faut beaucoup que son Livre contienne des ordures & des saletez semblables à celles qui sont dans les Priapeia, sur lesquels Joseph Scaliger, l'un des plus grands Hommes des Siécles passez, a fait des annotations, sans perdre sa réputation. Et à l'égard des femmes, ce qu'on.

DEDICATOIRE.

qu'on dit de libre & de naturel eſt ex-
primé en Latin, qui eſt une Langue peu
entenduë parmi elles. Mais quand on
auroit été obligé de s'exprimer en termes
capables de bleſſer la pudeur la plus ſcru-
puleuſe, s'enſuivroit-il qu'il auroit fallu
ſe diſpenſer de diſcuter un Droit ſur lequel on voit aſſez ſouvent fonder des diſ-
putes importantes, & laiſſer les choſes,
à cet égard, dans le doute & dans la
confuſion? Certes je ne crois pas que perſonne le prétende ainſi : en tout cas cette
prétention ſeroit auſſi ridicule que celle
de certaines gens qui aimeroient mieux
qu'on eût laiſſé périr, ou ſouffrir tout le
genre humain, que d'avoir fait des Traitez de Médecine, & de Chirurgie, qui
le conſerve, qui le préſerve, & qui le
ſoulage, parce qu'on a été obligé de nommer les choſes par leur nom & ſans dé-
guiſement, & de parler à découvert de
toutes les parties les plus ſecrettes du
corps humain. J'eſpére que le Public ſera équitable ſur ce ſujet. J'aurois eu plus
à craindre du redoutable Mr. Bernard
que d'aucun autre, parce que je connois
ſa délicateſſe & ſa ſévérité, qui ne pardon-
nent point les moindres fautes, & qui
en trouvent même dans des choſes qui ont
l'approbation des gens qu'il croit aiſé-

ment

EPITRE

ment être d'un goût au deſſous du ſien.
Mais que pourra-t-il me dire, lui qui an-
nonce avec tant de ſoin un Livre qui a
pour titre *, les Cérémonies du mariage telles qu'on les pratique préſentement dans toutes les parties du Monde, Ouvrage très divertiſſant, ſur
tout pour les Dames, écrit en Italien par le Sr. Gaya, troiſiéme Edition, à laquelle on a ajoûté d'amples
Notes & des Remarques ſur le Mariage, avec le Miroir des perſonnes
mariées, ou les Avantures capricieu-
ſes du Chevalier H..... avec ſes ſept
femmes, écrites par lui-même dans
le tems de ſa priſon, & miſes en
Anglois moderne par Mr. Thomas
Brown, in 8. pag. 161. *& d'avertir*
enſuite le Public, que les notes qu'on
a miſes au bas des pages ſont très
enjouées, & qu'on n'y épargne pas
les Prêtres. *On ſçait combien de con-*
tes ſales on a accoûtumé de faire ſur leur
ſujet, & combien de vilenies on met ſur
leur comte. Je ne ſçai point au reſte,
ſi ce Docteur Thomas Brown dont Mr.
Bernard fait ici mention, eſt ce ſavant
Mr. Brown Chanoine de Windſor, Ami
intime de Mr. Iſaac Voſſius qui lui a dé-
dié ſon Traité des Oracles Sibyllins, ou

cet

*Nouv. de la Répub. des Lett. Janv. 1704 p. 117.

DEDICATOIRE.

cet Ecoſſois qui a fait un Traité des Fiévres continuës imprimé à Edimbourg en
1695., ou ſi c'eſt ce Thomas Brown
Docteur Anglois qui a fait la Religion
du Médecin. Ce qui me feroit douter
que ce fût le prémier, ſeroit qu'il ne s'eſt
appliqué qu'à des Etudes graves & ſé-
rieuſes, comme on le remarque par ce que
Colomiez dit de lui dans ſa Bibliothéque choiſie. Ce qui me feroit douter auſſi
que ce fût le ſecond, c'eſt la timidité
qu'il fait paroître dans la Préface de ſon
Livre, en y déclarant qu'il a eu bien de
la peine à ſe réſoudre à produire cet eſſai
touchant les Fiévres continuës ; qu'il re-
doutoit le génie railleur & Satirique
ſi commun à ceux de ſa Nation ; Que
la même frayeur étouffe tous les jours des
productions très dignes de voir le jour.
Qu'il s'eſt pourtant déterminé à paroître
en public pour ne pas ſortir du monde
comme un Citoyen inutile & pareſſeux.
Qu'il hazarde ce ſyſtême nouveau, &
qu'il ſacrifie ſes ſcrupules à l'utilité publique. Et ſi c'eſt le troiſiéme, vous
ſçavez, Monſieur, ce qu'en a dit Patin,
car vous le rapportez dans vos Nouvelles de la République des Lettres *, C'eſt,

                dit-il,

---

* Nouvelles de la République des Lettres tom.
1. Mois d'Avril 1684. pag. 117.

EPITRE

dit-il, un Mélancholique agréable en
ses pensées, mais qui à mon jugement cherche Maître en fait de Religion comme beaucoup d'autres, &
peut-être qu'enfin il n'en trouvera
aucune. Il faut dire de lui ce que
Philippe de Comines a dit du Fon-
dateur des Minimes, l'Hermite de
Calabre François de Paule, il est encore en vie, il peut aussi-bien em-
pirer qu'amender. *On a mis cette pen-*
*sée de * Patin dans le Patiniana un*
peu déguisée à l'égard du tour & de l'ex-
pression, mais la même absolument dans
le fond. Si, dis-je, c'est ce Thomas
Brown Auteur du Livre intitulé, Religio Medici, *qu'on pourroit intituler*
aussi-bien, Medicus Religionis, *com-*
me il est dit dans le Patiniana, qui a
traduit en Anglois moderne, ces Cérémonies du Mariage *que Mr. Bernard*
annonce avec tant de soin, & si obli-
geamment au Public, c'est apparemment
un Livre dont la matière n'est pas trop
chaste, ni les expressions trop scrupuleu-
ses & trop châtiées. Je n'en parle que
par conjecture, car j'avoüe que la recom-
mandation de Mr. Bernard ne m'a point
engagé à le chercher, à l'acheter, & à
le

_____

* Patiniana pag. 25.

DEDICATOIRE.

le lire. *Je ne connois que ces Brown.*
Il y a bien un Docteur en Théologie ori-
ginaire du Palatinat & préſentement
Profeſſeur en Langue Hébraïque dans l'A-
cadémie de Groningue, Auteur de quel-
ques Diſſertations très curieuſes, qui ſe
nomme Brawn ; mais Mr. Bernard
eſt trop éxact pour avoir confondu Brown
avec Brawn, quelque reſſemblance qu'il
y ait dans ces noms, & quelque facilité
qu'il y ait à s'y méprendre.

La ſeconde choſe dont j'ai à vous rendre
compte, eſt le motif qui me porte à vous
adreſſer cet Ouvrage. Je n'en ai point
d'autre, Monſieur, que l'eſtime toute par-
ticuliére que j'ai pour vous, & le cas que
je fais de l'amitié dont vous m'honorez.
Je me ſuis flatté que vous ne voudriez
pas laiſſer paroître ‖‖‖‖ *un Livre qui*
pourroit nuire à la réputation de ſon Au-
teur, qui eſt un de vos anciens Amis,
& qui ſe repoſe ſur vous du ſoin de l'é-
xaminer & de juger s'il mérite d'être
mis ſous la Preſſe : & je me ſuis per-
ſuadé que ſi vôtre jugement lui étoit fa-
vorable, je n'avois rien à craindre de la
part du Public, parce que je pouvois eſ-
pérer une approbation générale, ou en
tout cas être aſſuré d'avoir en vous un
puiſſant appui contre le mauvais goût &

contre

EPITRE DEDICATOIRE.

contre la Critique maligne, qui pourroient m'entreprendre. Je n'ai garde de faire ici vôtre Panégyrique à l'imitation de ceux qui font des Epîtres Dédicatoires, vos propres Ouvrages font vôtre Eloge, & le jugement favorable & glorieux que le Public en fait, vous est infiniment plus honorable que toutes les louanges qu'on pourroit vous donner dans une Epître. Je finis donc celle-ci en vous assurant que je me sers avec plaisir de cette occasion que j'ai souvent recherchée de pouvoir vous donner un témoignage public de la considération toute particuliére avec laquelle je suis,

MONSIE

Vôtre très humble &
très obéïssant ser-
viteur.
C. D'OLLINCAN.

DES-

DESSEIN ET DIVISION
DE
L'OUVRAGE.

LE * Droit Canon traitant des mariages qui se contractent par Pro-
cureurs, ordonne & prescrit des
précautions très grandes qu'il fonde
sur cette raison, *qu'il s'agit d'une affaire grave, difficile & importante, qui
peut avoir des suites très dangereuses.*
Propter magnum quod ex facto tam
arduo posset periculum imminere.

Le Droit Civil ne donne pas une
idée moindre du Mariage, il le considére comme l'action de la vie la
plus considérable, & qui demande
le plus de réfléxion; comme un Port
favorable, ou comme un naufrage
malheureux; comme une chose bien
hazardeuse où toute la prudence humaine se réduit ordinairement à des
vœux & à des souhaits. † *Magnum
sane excellensque donum à Deo Creatore
ad mortales promanavit Matrimonium.*

D'un côté le mariage étant l'Ouvrage

---

* Capitul. 9. tit. 19 de procuratoribus lib. 1.
sexti Decretal. † Imperat. Leonis constitut.
26. in princip.

vrage de Dieu qui a uni les deux fe-
xes, & qui confidérant qu'il n'étoit
pas bon que *l'homme fût feul*, lui a
donné un *être femblable* à lui ; leur
a ordonné à l'un & à l'autre de *croî-
tre* & de *multiplier*, & a imprimé en
eux un defir violent de s'unir enfemble pour la propagation de leur
efpéce. Cette union ne doit point
être fortuite & commune, comme
celle des animaux dftituez de raifon ; elle ne doit point être produi-
te par une affection brutale, par une
volonté déréglée ; elle ne doit point
avoir pour but de mettre en fûreté
des plaifirs impurs, & de les couvrir
d'un nom fpécieux & honorable Ce
doit être une conjonction chafte, religieufe, fainte, pleine de piété & de
bénédictions ; n'ayant pour but que
d'éxécuter les ordres de Dieu, qui eft
fon Auteur & fon Protecteur. L'E-
glife n'approuve & n'autorife que les
Mariages de ce dernier caractére, ils
ont pour eux la faveur publique, au
lieu que les autres n'ont pour eux
qu'une haine générale, un mépris très
grand, & fouvent les malédictions &
l'horreur des gens de bien.

De l'autre, comme le Mariage eft
le

DE L'OUVRAGE.

le fondement de l'Eglife, puis qu'il eft appellé par quelques Théologiens *Venter Ecclefiæ* * qui lui engendre des enfans Et de la Société civile, en ce qu'il eft la fource des hommes, qu'il éternife le monde, & qu'il donne des héritiers légitimes aux Citoyens, il ne faut pas s'étonner fi l'Eglife & la Société Civile s'intéreffent dans ce qui le concerne ; fi elles en réglent les commencemens, le cours, & les fuites, & fi elles ont pourvû fagement aux inconvéniens qui pourroient naître de l'ignorance des hommes, ou de leur malice.

L'Eglife & la Société Civile ne laiffent pas la liberté à tout le monde de faire à cet égard tout ce qu'il lui plaît. † *Semper in conjunctionibus non folum quid liceat confiderandum eft, fed & quid honeftum fit.* Elles ne permettent point qu'on donne atteinte à la Juftice, à l'ordre, au bien, à l'utilité, & à l'honnêteté publiques. Elles ont établi des Loix qui les déclarent bons, ou mauvais, juftes, ou injuftes, légitimes, ou criminels. Qui les permettent, ou qui les deffendent, qui les confir-
ment,

---

* Novel. 21. tit. 1. de Nuptiis. In præfat.
† L. 197. de diverf. regul. Jur.

ment, qui les authorisent, qui les protégent, ou qui les cassent, qui les annullent, & qui punissent ceux qui les ont contractez.

Pour répondre au but que je me propose, il s'agit ici de voir dans quel de ces rangs on doit mettre le Mariage des Eunuques. Voici donc le plan général que j'ai dessein de suivre pour éclaircir cette matiére, & pour la régler par une décision incontestable & certaine. Ce Traité sera divisé en trois Parties.

Dans la premiére j'éxaminerai ce que c'est qu'un Eunuque, de combien de sortes il y en a, quel rang ils ont tenu & tiennent dans la Société Ecclésiastique & Civile ; & quelle considération on y a eu, & on y a actuellement pour eux.

Dans la seconde, je discuterai leur droit par rapport au Mariage, & j'éxaminerai s'il doit leur être permis de se marier.

Dans la troisiéme enfin, je rapporterai les Objections qui pourroient être faites contre les maximes que j'aurai avancées, & contre les décisions que j'aurai établies, & je tâcherai de les résoudre, & de lever les difficultez qui pourroient y donner atteinte. TA-

TABLE

DES
CHAPITRES
Contenus dans cet Ouvrage.

TABLE DES

SECONDE PARTIE.

CHAPITRES.

TROISIEME PARTIE.

Objections

TABLE DES, &c.

Fin de la Table.

TRAI.

TRAITÉ
DES
EUNUQUES,

Dans lequel on éxamine principalement s'il doit leur être permis
de se marier.

PREMIÉRE PARTIE.
CHAPITRE PREMIER.

S'il y a des Eunuques, & de-
puis quel tems il y en a.

IL est de l'ordre de faire voir qu'il y a
des Eunuques avant que d'entreprendre
d'en faire la description, & que de raisonner sur leur sujet ; Puis que selon le
sentiment des Philosophes il est ridicule de
raisonner d'une chose avant que de sçavoir si elle éxiste.

Il y a plus de quatre mille ans qu'on
parle d'Eunuques dans le Monde ; l'Histoire Sainte & l'Histoire Prophane font
mention d'une infinité de personnes de
cette nature, qu'elles ne mettent ni au rang

A   des

des hommes, ni au rang des femmes, & qu'elles appellent *une troisiéme forte d'hommes.* On
en a vû en si grand nombre dans tous les Siécles & dans tous les Païs; & on en voit encore tant qu'il n'est pas permis de douter qu'il
n'y en ait eu, & qu'il n'y en ait encore aujourd'hui.

La plûpart des Sçavans croyent que Semiramis Reine des Assiriens veuve de Ninus, & mére de Nynias, a été la premiére qui
a fait faire des Eunuques ; ils fondent leur
opinion sur ces termes d'Ammian Marcell-
lin, * *Postrema multitudo spadonum, a senibus
in pueros desinens, obluridi, distortaque lineamen-
torum compage deformes, ut quaquà incesserit
quisquam, cernens mutilorum hominum agmina,
detestetur memoriam Semiramidis Reginae illius
veteris, quae teneros mares castravit omnium prima.* Claudien a crû la même chose,

———— † *Seu Prima Semiramis astu
Assyriis mentita virum, ne vocis acutae
Mollities, levesque genae se prodere possent.
Hos sibi conjunxit similes ; seu persica ferro
Luxuries Vetuit nasci lanuginis Umbram.*

Cependant Diodore de Sicile qui a fait
l'Histoire de Semiramis, dans sa Bibliothéque, d'une maniére beaucoup plus
éxacte qu'aucun autre, ne dit rien de cette particularité qui méritoit pourtant bien
d'être remarquée, si elle eût été certaine
& véritable. Il dit seulement que les
Bactriens à qui Ninus, qui depuis fut son
Mari, faisoit la Guerre, ayant mis les
Assy-

* Liv. 14. ch. 6.   † In Eutrop. lib. 1. v. 339.

Affyriens en fuite & en déroute, elle s'habilla d'une longue robe, comme un homme, les rallia, se mit à leur tête, & triompha des Bactriens. Soit que cette Robe plût aux femmes Medes & aux Perses, soit qu'elles vouluffent faire leur cour à Semiramis, elles en prirent de pareilles. Peut-être que cet habillement donna lieu à dire que Semiramis avoit fait des hommes imparfaits, des demi hommes, & que depuis on a conjecturé qu'elle avoit fait effectivement mutiler des hommes. * D'autres difent qu'elle s'habilla en homme, & qu'elle fit élever son fils en fille, afin que les Affiriens ayant honte d'avoir une femme pour leur Chef ne priffent point le pretexte de vouloir un Roi, pour mettre fon fils fur le Trône à fon préjudice ; § D'autres peu éloignez de cette opinion difent, que fon fils étant de fa taille, & ayant la voix femblable à la fienne, elle fe déguifa en homme, & fit accroire, afin de regner, qu'elle étoit le fils de Ninus, & non pas fa veuve. Et d'autres difent † qu'ayant eu avis dans le tems qu'elle fe coiffoit, que Babilone s'étoit revoltée, elle courut en diligence, les cheveux à demi épars, pour la forcer à fe rendre à elle, & qu'elle ne remit point fa tête dans fon ordre accoûtumé qu'elle n'eût remis cette puiffante Ville fous fon pouvoir ; Que pour

A 2   cela

* Chriftophori Helvici Theatrum Hiftoricum pag. 5. § St. Remuald, Threfor Chronol. & Hiftor. fol. tom. 1. pag. 79. † Valere Maxime liv. 9. ch. 3. art. 13.

cela la ſtatuë fut honorablement élevée
à Babylone au même état qu'elle ſe trouva quand elle marcha vers ce lieu d'un pas
précipité pour tirer vangeance de ſes Sujets rebelles ; ces cheveux épars joints
à la robe qu'elle avoit priſe la traveſtiſ-
ſoient d'autant plus en homme.

Diodore de Sicile rapporte une autre cir-
conſtance qui eſt conſidérable ; Il dit que
cette Reine élevée d'une condition baſſe
au comble de la grandeur , ſe plongea
dans toute ſorte de délices , qu'elle fit
choiſir les hommes les mieux faits & les
plus beaux de ſon Armée pour s'en ſervir,
mais qu'elle fit mourir tous ceux qu'elle a-
voit reçûs dans ſon lit.   Il y a plus d'apparence qu'elle les fit Eunuques par un effet
d'une jalouſie aſſez ordinaire , de peur qu'a-
prés avoir eu d'elle les plus grandes faveurs ils n'allaſſent s'attacher à quelqu'autre femme ; Diodore de Sicile ne le dit
point ; mais comme il parle aprés Creſias,
ainſi qu'il l'avouë lui même , & que Cte-
ſias eſt un Hiſtorien , * qui non content d'a-
buſer ceux de ſon ſiécle , a voulu faire paſſer
ſes fables à la poſtérité, on ne peut pas ajoûter beaucoup de foi à ce qu'il dit , ni accuſer
de fauſſeté ce qu'il obmet. Semiramis donc
peut paſſer pour la premiére qui ait fait faire
des Eunuques; Voſſius § dit que les Perſes
ſont les Inventeurs de cette méchante & dé-
teſtable coûtume, & que le mot Latin, ſpado
qui comprend diverſes ſortes d'Eunuques, tire

* Lucien dans ſon dialogue Intitulé le menteur ou
l'Incredule.   § Etymologicon Linguæ Latinæ.

re son nom d'un Village de Perse nommé
Spada, où il prétend que la premiére éxécution de cette nature a été faite. Il
fortifie son sentiment de ceux de quelques
Sçavans du premier ordre qu'il nomme.
Je ne veux point me rendre Juge entre des
hommes si célébres qui ont les uns & les
autres des opinions si probables, & dont la
certitude est si difficile à trouver. *Non
nostrum inter hos tantas componere lites, &
vitulo hi digni & illi.* Je dirai seulement
que le premier Eunuque dont l'Ecriture
Sainte fasse mention & dont il ne soit absolument parlé nulle part ailleurs, * est
Putiphar qui acheta Joseph des mains des
Madianites ; encore verra-t-on dans la suite que ce nom d'Eunuque n'étoit point
nouveau dès lors, puis qu'il étoit devenu un nom de Charge & de Dignité ; Cependant ce Putiphar acheta Joseph l'an
du monde deux mille deux cent septante-
six, c'est à dire mille sept cent soixante
& dix-huit ans avant l'Incarnation de Jesus Christ ; Et Cyrus n'a commencé à
regner sur les Perses que l'an du Monde
trois mille quatre cent vingt & un ; C'est
à dire qu'on parloit d'Eunuques avant
qu'on parlât des Perses, & qu'il n'est pas
possible qu'ils soient les péres de ces sortes de gens, parce que si cela étoit la pro-
position *filius ante patrem*, qui passe pour
monstrueuse, seroit pourtant véritable ; ce
qu'on ne peut pas dire à l'égard de Semiramis qui regnoit sur les Assiriens l'an du

A 3   mon-

* Genese Ch. 37. v. 36.

monde mille huit cent vingt-six, long tems avant que Putiphar fût né. Quoi qu'il en soit les Perses, les Médes, & les Assyriens ont été de tous les Peuples ceux qui se sont le plus servis d'Eunuques. Et on remarque *que Nabucodonosor faisoit couper tous les Juifs & tous les autres prisonniers de guerre, afin de n'avoir que des Eunuques à son service particulier. § Et c'est peut-être ce qui a donné lieu à conjecturer que les Perses étoient les inventeurs de l'*Eunuchisme*.

CHAPITRE II.

Ce que c'est qu'un Eunuque.

LUcien en donne une définition fort courte dans son Dialogue des Eunuques. Il dit qu'il n'est ni mâle, ni femelle, & qu'il est un prodige dans la Nature. Mais elle est trop générale, il en faut une plus éxacte & qui le fasse connoître plus particuliérement & plus sûrement. Un Eunuque donc, est une personne qui n'a pas la faculté d'engendrer, par la foiblesse, ou par la froideur de la nature, ou à qui on a retranché les parties propres à la génération ; *Qui generare non possunt*, comme s'exprime la Loi † ; Qui ont une voix grêle

&

* Joseph. Antiq. Judaic. liv. X. ch. 16. § St. August. de civit. Dei. tom. 1. pag. 603. † L. 2. §. 1. ff. de Adoptionibus.

& languiſſante, la complexion d'une femme, qui n'ont que du poil folet à la barbe; En qui le courage & la hardieſſe cedent
à la crainte & à la timidité; En un mot,
dont les mœurs & les maniéres ſont toutes efféminées. Si l'Eunuque eſt un ſujet ſi
chétif & ſi mépriſable à l'égard du corps,
il vaut encore moins du côté de l'eſprit
& du cœur. Voici le portrait que St.
Baſile en a fait autrefois*. Simplicie femme entêtée de l'Héréſie Arrienne s'étoit
mêlée de faire des remontrances à ce St.
Homme ſur ſa conduite & ſur ſes mœurs;
Il ſe juſtifie & prend à témoin toutes les
perſonnes qui le connoiſſent, excepté quelques Eunuques qu'il récuſe, & dont il
fait une peinture affreuſe; ,, S'il eſt beſoin
,, de témoins, dit-il, qu'on ⬛ me pro-
,, duiſe point d'eſclaves ni de miſérables
,, Eunuques, gens abominables & ſans hon-
,, neur, qui ne ſont ni hommes ni fem-
,, mes, que l'amour du ſéxe rend comme
,, furieux; Ils ſont jaloux, mépriſables,
,, féroces, efféminez, gourmands, ava-
,, res, cruels, inconſtans, ſoupçonneux,
,, furieux, inſatiables. Ils pleurent quand
,, on les prive d'un repas, & pour tout
,, dire en un mot ils ſont condamnez au fer
,, dès leur naiſſance, des gens eſtropiez de
,, la ſorte peuvent-ils avoir l'ame droite?
,, Le fer les rend chaſtes, mais cette cha-
,, ſteté ne leur ſert de rien, leur turpitude
,, les rend furieux, & ils n'en remportent

A 4   ,, au-

* Lettre 117e dans la traduction que Mr. l'Abbé
de Bellegarde a faite des Epîtres de S. Baſile.

,, aucun fruit. Peut-être que cette description paroîtra trop satirique & trop outrée,
& qu'elle sera suspecte, parce qu'elle est faite
par un homme en colere ; Mais voici le témoignage d'un homme desintéressé , qui
non seulement la confirme & l'autorise ,
mais même qui y ajoûte de nouveaux traits
qui rendent les Eunuques encore plus hi-
deux ; c'est Ammian Marcellin qui parle,
qui dépose contr'eux, & qui dit, * ,, Que
,, quand Numa Pompilius & Socrate di-
,, roient du bien d'un Eunuque, on ne les
,, en croiroit pas, & qu'on les accuseroit
,, de mensonge. *Ea re quod si Numa Pompilius*
,, *vel Socrates bona quædam dicerent de Spadone,*
,, *dictique Religionum adderent fidem , à veri-*
,, *tate descivisse arguerentur.* Il est vrai que
sur la fin du même Chapitre il excepte Me-
nophile Eunuque de Mithridate Roi de
Pont , dont il parle avantageusement. Il
y en a bien encore quelques autres qui ont
été dignes de louanges, comme un Favori-
nus Mordonius, un Eutherius Eunuque de
l'Empereur Constans, & depuis de Julien
l'Apostat ; Un Hermias à qui Aristote sa-
crifioit comme à un Dieu ; sur tout Daniel
& ses Compagnons, si tant est qu'ils ayent
été Eunuques, comme quelques Interprétes de l'Ecriture Sainte le croyent; Mais le
nombre en a été si petit, qu'il n'est pas capable de donner atteinte à l'opinion générale qu'on en donne. L'on peut dire qu'il est
des Eunuques comme des Bâtards , qu'ils
sont ordinairement mauvais, mais qu'il s'en
trou-

---

* Lib. 16. cap. 7.

trouve quelque fois de bons , & comme dit
Ammian Marcellin , *Inter Vepres rosæ nas-
cuntur , & inter feras nonnullæ mitescunt.

Theodore , Précepteur de l'Empereur
Constantin *Porphirogenite*, s'est avisé, par
un dessein singulier & bizarre, d'écrire une
Apologie, *pro Eunuchismo & Eunuchis*, mais
on regarde cet Ouvrage de la même maniére
qu'on regarde l'Eloge de Busiris par Isocra-
te, celui de Néron, & celui de la Goutte
par Cardan ; Celui de la pauvreté par Syne-
sius ; celui de l'aveuglement par Passerat ;
Celui de la laideur & de la fiévre quarte, par
Favorin ; Celui de la peste par Prævidel-
li ; celui de la guerre par Balth. Schuppius ; Celui de l'injustice par Glaucon ;
celui de la folie par Erasme ; celui de la
Goinfrerie par Lucien ; celui de l'Asne &
celui de la Vermine par Heinsius, celui du
rien & du néant par Schuppius, par Passerat , & par Duverdier le jeune ; Et la
magnifique Doxologie du fêtu par Sé'as-
tien Rouillard. Ces gens là ont entrepris de louer ce que toute la terre méprise
se & blâme, s'imaginant que cette singula-
rité exciteroit la curiosité & l'admiration
des lecteurs. Mais tous ces livres n'ont
point rendu les sujets qu'ils ont traitez plus
louables, ni plus légitimes ; Et celui qui a
pour titre de *Multibibus*, imprimé à Oenozy-
thople sous les auspices de Dionysius Bac-
chus, n'a pas authorisé les beaux droits & les
plaisans privilèges des yvrognes qu'il étale
avec beaucoup d'éxactitude & de pompe.

• A 5   On

On a beau faire des apologies pour cette ridicule, injuste & barbare coûtume de faire des Eunuques, il n'y a personne dans le Christianisme qui ne le déteste, & qui dans l'occasion ne s'écriâ à l'encontre comme fit autrefois Seneque, * *Principes viri, disoit-il, contra naturam divitias suas exercent, excisorum greges habent, exoletos suos, ut ad longiorem patientiam impudicitiæ idonei sint; & quia ipsos pudet viros esse, id agunt, ut quam pauci viri sint. His nemo succurit delicatis & formosis debilibus.*

C H A P I T R E I I I.

Combien il y a de différentes sortes d'Eunuques.

JEsus Christ lui-même nous apprend combien il y a des différentes sortes d'Eunuques ; *Il y en a*, dit il §, *qui sont nez tels dès le ventre de leur mére ; Il y en a qui ont été faits Eunuques par les hommes. Et il y a encore des Eunuques qui se sont faits Eunuques eux-mêmes pour le Royaume des Cieux.* Mais la subtilité des hommes, & l'événement, ont donné lieu à des distinctions moins générales. Les diverses questions qui concernent le mariage de gens accusez d'être Eunuques, & la restitution
de

* Controvers. 33. lib. 5. § St. Matth. ch. 19. v. 12.

de la dote de la femme, ont obligé à éxa
miner les Eunuques de près ; & comme
on en a trouvé de diverses espéces, on en
a fait des Classes différentes. Les Jurisconsultes en font quatre. La premiere est de
ceux qui sont nez tels ; qui sont Eunuques proprement & absolument ainsi nommez. La seconde est de ceux auxquels, soit
malgré eux, soit de leur consentement &
par leur propre fait, on a retranché tout
ce qui fait l'homme & sa virilité, qui ne
peuvent en faire aucun'acte, qui sont o-
bligez, de rendre leur urine par un tuyau
de métail qu'on leur attache à la place de
celui que la Nature leur avoit donné &
qu'on leur a coupé ; Cela arrive quelquefois à des gens travaillez de quelque maladie qui oblige le Chirurgien à leur faire
cette triste operation ; mais cela se pratique aussi sur des hommes sains comme nous
le verrons dans la suite ; C'étoit autrefois
une des fonctions de la Médecine comme
on le voit au §. 8. de la loi 7. *ad legem
Aquiliam*. Et au commencement de la loi
8. du même titre & sur tout au §. 2. de
la loi. 4. ff. *ad legem Corneliam de sicariis
& veneficiis*, où il est expressément deffendu aux Médecins de faire de semblables
operations. La troisiéme Classe est de ceux
auxquels on froisse tellement les Crema-
stéres qu'ils disparoissent, & qu'il semble
qu'ils soient évanouïs ; La veine qui leur
portoit l'aliment étant retranchée, ils se
flétrissent, ils se séchent & se réduisent à
rien. Cette operation se fait ordinaire-

A 6   ment

ment en mettant le patient dans un bain
d'eau tiéde afin d'amolir ces parties , &
de les rendre plus maniables & plus propres à se dissoudre ; Après qu'il y a été
quelque tems , on lui presse les veines du
cou qu'on nomme Jugulaires , & par là
on le rend stupide & aussi insensible que
s'il étoit tombé en apopléxie , alors il est
aisé de le mutiler sans qu'il en sente rien :
Cela se fait ordinairement dans la grande
jeunesse par la mére ou par la nourrice.
On lui faisoit prendre autrefois une certaine quantité d'*Opium*, & lors qu'il étoit acca-
blé de sommeil on lui coupoit , ou on lui ti-
roit une partie que la nature a pris beaucoup
de soin à fabriquer ; mais comme on a remarqué que la plûpart de ceux qu'on *Eu-*
nuchisoit ainsi mouroient, par ce Narcotique,
on s'est avisé de l'autre moyen dont je viens
de parler. Les Perses & diverses autres Nations , ont des maniéres de faire , ou de
couper les Eunuques , différentes de celles
dont on se sert en Europe. Je dis de faire ,
car ce n'est pas toûjours en coupant qu'on
Eunuchise ; La ciguë & diverses autres her-
bes font le même office , comme on peut le
voir dans l'Ouvrage de Paul Æginette qui
traite éxactement cette matiere , sur tout
dans le Livre sixiéme de ce docte & curieux
Traité. Cette troisiéme sorte d'Eunuques
sont ceux qu'on appelle en Droit *Thlibiæ.*
Ceux qu'on nomme *Thlasiæ* , sont à peu près
de la même qualité , toute la difference qu'il
y a , c'est qu'on se contente de leur couper
les veines qui servent à fortifier les parties
viriles , de sorte qu'elles restent bien a la-
véri-

vérité, mais fi flafques & fi flêtries qu'elles ne font d'aucun ufage; La quatriéme Claffe, enfin, eft de ceux qu'on appelle *Spadones*, qui font nez fi mal conformez, ou d'un tempérament fi froid, ou qui le font devenus par quelque incommodité, qu'ils font incapables de contribuer à la génération. Quoi que ces quatre efpéces foient fort différentes entr'elles, & que la derniére foit la plus favorable & la moins malheureufe, cependant les Jurifconfultes ont trouvé à propos de les comprendre toutes fous le nom de *fpado*, ce qui eft affez fingulier, comme je viens de le dire, puis que la maxime triviale de droit porte que *denominatio fit à potiori*. Et qu'à proprement parler, ceux qu'on appelle *fpadones* ne font point Eunuques, puis que par la vertu de la Nature, ou par le fecours de l'Art, ils peuvent être remis dans un état parfait; D'ailleurs, *fpecialia generalibus infunt*, * & comment fous le nom de *fpado* qui n'eft pas proprement un Eunuque, peut on comprendre ceux qui le font réellement & de fait, & fans efpérance de retour. Il me femble que *nomina debent effe convenientia rebus* comme ils le difent eux-mêmes; & que celui ci convient peu à toutes les efpéces qu'il renferme; Quoi qu'il en foit, ils l'ont ainfi voulu; § *fpadonum generalis appellatio eft, quo nomine tam hi qui naturâ Spadones funt, item Thlibiæ Thlafiæ fed & fi quod aliud genus fpadonum eft continentur.*

Il

* L. 147. de div. reg. Jur. § L. 121. ff. de verbor. fignificat.

Il y a diverses autres sortes d'Eunuques; il
y en a qui sont appellez de ce nom, *cata-*
chrestice, parce qu'ils possèdent les Charges
ou les Dignitez qui étoient données originairement aux Eunuques; Il y en a d'autres
qui sont appellez de ce nom par figure, parce qu'ils sont chastes & qu'ils ne se servent
pas plus de leurs parties viriles que s'ils n'en
avoient point.

Toutes ces sortes d'Eunuques ont un nom
général par lequel on prétend qu'ils ont tous
été désignez, c'est le nom de *Bagoas*. Ce
nom est celui du personnage qui représente
l'Eunuque que Diocles prétend exclurre
de la profession de Philosophe, dans le
dialogue de Lucien. Il y a eu un fameux
Eunuque de ce nom qui étoit à Darius
& dont après la mort de ce Prince on fit
present à Aléxandre le Grand. Il étoit
beau par excellence, & Alexandre l'ai-
ma autant que Darius l'avoit aimé. Quin-
te-Curce en fait l'Histoire en différens en-
droits * de la Vie de son Héros, & j'aurai
occasion d'en parler dans la suite de cet
Ouvrage. L'Eunuque d'Olopherne, Général de Nabucodonosor, qui assiégea Be-
thulie & à qui Judith coupa la tête; Cet
Eunuque, dis je, qu'Olopherne employa
pour disposer Judith à passer la nuit avec
lui & qui la conduisit en effet dans sa ten-
te, s'appelloit Bagoas; quoi que quelques versions, & entr'autres celle de Mrs.
de Port-Royal l'appelle Vagao. Quoi que
ce nom ait été le nom de plusieurs particuliers,

* Liv. 6. ch. 5. & sur tout. liv. 10. ch. 1.

culiers , cependant Gilbert Coufin, ou en
Latin Cognatus, dont l'Illuftre M. Baile a fait
un article dans le tome premier pag. 974.
de fon Dictionaire, dit dans la remarque
qu'il a faite fur ce mot *Bagoas* qui fe trouve
dans Lucien , que dans une Langue barbare il fignifie en général un Eunuque ; &
il infinuë par là que Lucien ne fe fert de
ce nom *Bagoas* que parce que c'eft un nom
qui comprend tout le genre Eunuque. *Et
il confirme fon fentiment par ce Vers d'O-
vide,

Quem penes eft dominam fervandi cura Bagoæ.

Il eft certain que parmi les Babyloniens
Bagoas fignifie un Eunuque. Il y en a eu
un aufli de ce nom qui a été Eunuque,
& dont Plutarque dit beaucoup de chofes
plus dignes pourtant du filence que de nôtre curiofité. Quelques Sçavans croyent que
ce Bagoas dont parle Lucien étoit un homme qui avoit la mine fi difgraciée qu'on
le prenoit pour Eunuque. Quintilien parle d'un Bagoas & il y a apparence qu'il fe
fert de ce nom comme d'un nom commun
à une efpéce d'hommes, §car il parle en
même tems de Megabyfe & de Doriphoron, or il eft certain que Megabyfe eft un
nom commun aux Prêtres de Diane, †ils
devoient être tous Eunuques parce qu'ils
avoient la garde des filles qui lui étoient
confacrées; Et Doriphoron fignifie un homme

* Liv. 2. Eleg. 2. § Voy. Plin. liv. 13. ch. 4.
† Plutarq. In Alexandr.

me qui porte une lance ; Il eſt vrai qu'il
déſigne auſſi cette ſtatuë ſi admirable d'un
jeune homme bien fait qui étoit armé d'u-
ne lance que Policlete avoit fait , dont
il étoit amoureux , & qu'il appelloit ſa
Maîtreſſe; mais il ſuffit qu'il marque auſſi
un nom général , ſous lequel tout homme
portant une lance eſt déſigné.

CHAPITRE IV.

Des Eunuques qui ſont nez tels.

IL ſemble qu'il ne ſoit point impoſſible
que certaines créatures humaines viennent au monde deſtituées des parties qui
ſervent à la génération. On voit tous les
jours des enfans qui naiſſent ſans yeux, ſans
oreilles, ſans mains, ou ſans quelqu'autre
partie du corps, il peut auſſi aiſément arriver que quelques-uns naiſſent dépourvûs
de celles dont il eſt ici queſtion. La Nature qui produit tous les jours tant de monſtres pourroit bien en former un de cette
eſpéce ; cependant les Naturaliſtes diſent
qu'il n'y en a point d'éxemple. Et en
effet, Pline qui rapporte éxactement & amplement* les figures humaines monſtrueuſes
dont le nombre & la diverſité ſont grands
parmi tous les Peuples, ne parle point de
celles dont il s'agit ici ; Je puis dire néanmoins

* Liv. 7. ch. 2.

moins que j'en ai vû une , & peut être
a-t-elle été vûë de toute l'Europe ; car ses
parens ayant remarqué que le Public avoit
de la curiosité pour un corps humain aussi
singulier que l'étoit celui dont je vai parler , & qu'ils pouvoient amasser beaucoup
d'argent en le menant de lieu en lieu &
de Païs en Païs, l'ont sans doute porté
par tout. Il étoit à Berlih en l'année 1704.
C'est un cul de jatte qu'un homme portoit
sur le dos dans une boëte ; avec cette différence, qu'au lieu que ceux qu'on nomme ainsi n'ont ni jambes, ni cuisses, dont
ils puissent se servir, & qu'ils marchent
sur leur derriére enfermé dans une jarre,
celui-ci n'a pas même un derriére, c'est à
dire de fesses ; Il a la tête bien faite, le
visage beau & doux, le tein brun & les
cheveux chatains ; mais quoi qu'il ait eu
alors plus de vingt ans, il n'avoit point
de barbe, ni aucune apparence qu'il en
auroit un jour. Il avoit des bras & des
mains fort bien proportionnez, son corps
étoit assez bien fait, il étoit de la hauteur
d'environ deux à trois pieds ; c'étoit par le
bout d'en bas une espéce de tronc, il mar-
choit avec ses mains ; il avoit deux con-
duits comme les autres hommes par lesquels
la nature se déchargeoit de ses excrémens,
celui de devant étoit fort court & fort
petit, & au dessous il y avoit un suspen-
soire flasque & flêtri dans lequel il n'y avoit
aucun Crémastére. Je m'informai fort
particuliérement de ses parens s'il étoit né
ainsi, ils m'assurérent qu'il étoit absolument

ment tel que la nature l'avoit formé. Comme je sçai qu'il ne faut pas toûjours mal juger de la virilité d'un homme, lors qu'on ne lui trouve point de Crémastére au dehors, parce qu'il arrive quelque fois que quoi qu'ils soient demeurez au dedans, & qu'ils ne soient point descendus dans les suspensoires par des obstacles qui se sont opposez à leur sortie, les hommes, néanmoins, qui les ont ainsi cachez ne laissent pas d'être aussi parfaits que ceux qui les ont au dehors : qu'ils sont forts & vigoureux, & qu'ils ont tous les autres signes nécessaires pour prouver la virilité de l'homme, j'éxaminai fort éxactement ce cul de jatte, & lui trouvant d'ailleurs toutes les marques d'un véritable Eunuque, j'en conclûs qu'il l'étoit en effet & qu'il a été produit tel par la nature dans le sein de sa mére. Ainsi voila une preuve qu'il y a des Eunuques qui naissent tels, quoi qu'en disent les Naturalistes, & particuliérement Pline dans le chapitre second du septiéme livre de son Histoire du Monde.

CHAPITRE V.
Pourquoi on fait des Eu-
nuques.

S'Il eſt vrai que Semiramis ait été la premiére qui ſe ſoit aviſée de faire faire des
Eunuques, & que la raiſon qu'on en rapporte ſoit certaine. la première cauſe de cette
mutilation a été la jalouſie de cette Reine, qui après s'être ſervie des hommes les
mieux faits de ſon Armée, les fit châtrer, de
peur qu'ils n'allaſſent encore depuis ſervir
au divertiſſement de quelqu'autre femme.
Mais ſans m'arrêter aux conjectures, voici
d'autres cauſes plus ſûres de cet uſage.

Les Eunuques ont été faits pour être la
garde des filles & des femmes, pour obſerver leur conduite, & pour empêcher qu'elles ne fiſſent rien de contraire à la chaſteté
ou au devoir conjugal. c'eſt apparemment
à cet uſage que l'Eunuque a proprement été
deſtiné, le mot même le fait connoître,
car il ſignifie, *garde lit*, ou *garde chambre*.
C'eſt encore pour cet uſage qu'on en fait
dans l'Orient. Mais depuis, les hommes
qui n'en avoient que pour en faire un uſage
légitime, en ont abuſé & en ont fait faire
pour ſervir à des uſages ſales & criminels.
Ils choiſiſſoient dans cette vûë les plus beaux
garçons qu'ils trouvoient depuis l'âge de
quatorze ans, juſqu'à l'âge de dix-ſept ans.

Saint

Saint Grégoire de Nazianze s'en plaint amérement dans la Vie de Saint Basile, & dans son Oraison trente & uniéme. Mais il faut que cette infame coûtume soit beaucoup plus ancienne, car Juvenal déclame contre cet abus dans l'une de ces * Satyres ; disant.

———————— *Nullus Ephebum*
Deformem sæva castravit in arce Tyrannus.

Il est vrai qu'ils en ont fait faire pour servir de victimes qu'ils offroient à des Divinitez ; c'est contre cette horrible coûtume que Saint Augustin, qui reléve, qui condamne & qui réfute les ridiculitez, les infamies, les cruautez de la Religion des Payens, se déchaîne dans son excellent Livre § de la Cité de Dieu. Il falloit même que les Prêtres fussent Eunuques, afin, disoit on, de s'employer aux choses Sacrées plus purement & plus chastement. C'étoit sur tout la pratique des Athéniens ; † les Prêtres de la Diane d'Ephese étoient aussi obligez d'être Eunuques.

La Religion Chrétienne a eu ses Eunuques malgré elle, & quoi qu'elle les abhorre, un certain Valesius Arabe de Nation, forma une Secte qui soûtint que bien loin que la mutilation fût un obstacle au Sacerdoce, comme le Concile de Nicée l'avoit déclaré, il étoit au contraire absolument né-

* Satyr. 10. v. 306. 307. § Liv. 6. ch. 10. † Voy. Crinitus de honesta disciplina liv. 9. S. Romuald fol. tom. 2. pag. 185.

nécessaire d'être Eunuque pour l'éxercer. Non seulement ils pratiquoient sur eux mêmes le cruel éxemple d'Origéne, mais même ils réduisoient dans ce triste état tous ceux qui tomboient entre leurs mains; cette Héréfie est la cinquante-huitiéme de celles que Saint Epiphane réfute.

Depuis on a fait des Eunuques pour avoir des gens qui eussent la voix belle & qui pussent la conserver long tems. Macrobe rend d'amples & de bonnes raisons pour lesquelles les Eunuques ont la voix belle, au chapitre cinquante-deuxiéme de ses Saturnales. C'est principalement le but que les Italiens se proposent encore aujourd'hui lors qu'ils font châtrer des jeunes gens.

L'avarice a poussé des gens à faire des Eunuques pour en trafiquer. Quelques Rélations de Voyageurs nous apprennent, que dans le Royaume de Boutan seul, on fait tous les ans vingt mille Eunuques qu'on envoye vendre en divers autres Etats. L'Histoire de Panione de l'Isle de Chio, que je rapporterai dans la suite, fera voir que ce commerce n'est pas nouveau.

§ On fait Eunuques des gens qu'on veut plonger dans la honte & dans l'ignominie, soit qu'ils ayent été lâches à la Guerre & qu'on veuille les en punir, soit qu'on veuille les noter d'infamie pour quelqu'autre cause que ce soit. Mais voici de plaisans
motifs

---

§ Luithprand. Ticinensis. liv. 4. de rebus per Europam gestis. cap. 4. Meibomius. Rerum Germanicar. tom. 1. c. 47. pag. 247. Camerar. Meditat. Historic. tom. 1. lib. 5. cap. 19.

motifs de faire des Eunuques ; c'eſt la raillerie, le reſſentiment & l'inſulte ; On lit
une Hiſtoire aſſez divertiſſante rapportée
ſous le Régne de Henri I. qui en eſt une
preuve ; „ Les Grecs faiſoient la Guerre au
„ Duc de Benevent & le traitoient aſſez
„ mal ; Thedbald Marquis de Spolette ſon
„ Allié étant venu à ſon ſecours & ayant
„ fait quelques priſonniers, ordonna qu'on
„ leur coupât les parties qui font les hom-
„ mes & les renvoya en cet état au Général
„ Grec, avec ordre de lui dire qu'il l'avoit
„ fait pour obliger l'Empereur, qu'il ſça-
„ voit aimer beaucoup les Eunuques, &
„ qu'il tâcheroit de lui en faire avoir bien-
„ tôt un plus grand nombre ; le Marquis
„ ſe préparoit à tenir ſa parole, lorſqu'un
„ jour une femme, dont ſes gens avoient
„ pris le mari, vint toute éplorée dans le
„ Camp, & demanda à parler à Thedbald ;
„ Le Marquis lui ayant demandé le ſujet
„ de ſa douleur ; Seigneur, répondit-elle,
„ je m'étonne qu'un Héros comme vous
„ s'amuſe à faire la guerre aux femmes lors
„ que les hommes ſont hors d'état de lui
„ réſiſter ; Thedbald ayant repliqué que de-
„ puis les Amazones, il n'avoit pas ouï
„ dire qu'on eût fait la guerre à des fem-
„ mes ; Seigneur repartit la Grecque, peut-
„ on nous faire une guerre plus cruelle,
„ que de priver nos maris de ce qui nous
„ donne de la ſanté, du plaiſir, & des en-
„ fans ; Quand vous en faites des Eunu-
„ ques, ce n'eſt point eux, c'eſt nous que
„ vous mutilez ; Vous avez enlevé ces
„ jours

„ jours paſſez nôtre bétail & nôtre baga-
„ ge, ſans que je m'en ſois plainte; mais
„ la perte du bien que vous avez ôté à plu-
„ ſieurs de mes compagnes étant irrépara-
„ ble, je n'ai pû m'empêcher de venir ſollici-
„ ter la compaſſion du Vainqueur. La naïve-
„ té de cette femme plût ſi fort à toute
„ l'Armée, qu'on lui rendit ſon mari, &
„ tout ce qu'on lui avoit pris. Comme
„ elle s'en retournoit, Thedbald lui fit de-
„ mander ce qu'elle vouloit qu'on fit à
„ ſon mari, au cas qu'on le trouvât encore
„ en armes. Il a des yeux, dit-elle, un
„ nez, des mains, des pieds, c'eſt-là ſon
„ bien, que vous pouvez lui ôter, s'il le
„ mérite; mais laiſſez lui, s'il vous plaît,
„ ce qui m'appartient. Apparemment
que la femme dont Plaute parle dans ſon
Mercator *, n'étoit pas de cet avis, ou
qu'en tout cas elle regardoit ce bien à
elle appartenant, comme un bien de
petit rapport & de peu de valeur, car ſon
mari craignoit qu'elle même ne s'en pri-
vât,

Quaſi hircum metuo ne uxor me caſtret mea.

Les Adultéres étoient faits Eunuques pour
peine de leur crime; je pourrois le faire voir
par pluſieurs éxemples, mais j'en rapporterai trois ſeulement qui ſont précis, l'un ſera tiré de Valére Maxime §, il y eſt dit que
Vibienus & Publius Cernius ayant ſurpris
l'un Carbo Accienus, & l'autre Pontlus en
adul-

adultére ils les firent châtrer ; L'autre eſt
contenu dans Martial, *

Uxorem armati futuis, puer Hyle, Tribuni,
Supplicium tantum dum puerile times.
Væ ttoi, dum ludis, caſtrabere. Jam mihi dicet,
Non licet hoc. Quid, tu quod facis Hyle licet?

Le troiſiéme & le principal eſt l'é-
xemple d'Abelard ; ce Docteur amoureux
ayant abuſé d'Héloïſe qu'on lui avoit donnée à inſtruire, les parens de cette fille lui
firent couper les parties viriles avec leſquelles il avoit deshonoré leur famille ; Ils
allérent juſqu'à la racine du mal & l'ar-
rachérent de telle ſorte qu'ils ôtérent au
coupable le pouvoir de la rechute. †

Cela étoit paſſé en loi parmi les Gaulois.
La Loi Salique tit. 29. *de Aduls. Anciſtor.*
porte cette déciſion *ſervus qui cum aliena an-*
cilla mœchatus fuerit, ea mortua, caſtretur.
On peut dire auſſi que cela étoit fondé ſur
cette loi de l'équité, qui dit que la peine
doit être infligée à celui des membres du
corps qui a été l'inſtrument, ou le com-
plice du crime. § Job raiſonnoit ſur ce principe lors qu'il diſoit, *ſi j'ai levé la main*
ſur le Peuple, &c. que mon épaule tombe étant
deſunie de la jointure, & que mon bras ſe briſe
avec tous ſes os.

On faiſoit auſſi Eunuques les Eſclaves
qui avoient dérobé ; voici les termes de la
même

---

* Liv. 2. Epigr. 60. † Voyez cette Hiſtoire dans le
Diction. Hiſtor. & Crit. de Mr. Bayle. Les Articles
Abelard, Heloïſe, Foulques & Paraclet. § Ch. 31. v.
21. 22.

même Loi Salique. Tit. 13. de furt. *servor*
servi qui quidpiam valens quadraginta denarios
furati essent, castrari Jubebantur in pœnam, &c.

La nécessité contraint aussi quelquefois
de faire des Eunuques ; Il se trouve souvent des hommes attaquez de tels maux
que le Médecin est obligé d'ordonner cette opération, & le Chirurgien de la faire.
La maladie est la cause de ce malheur,
& bien loin que ceux qui ont ce sujet d'af-
fliction doivent être regardez de mauvais
œil, ils doivent au contraire être plaints
& consolez.

On a fait des Eunuques par représailles
& en vertu de la Loi du Talion.* Herodote
nous l'apprend d'une maniére fort agréable par un éxemple curieux ; ,, Hermo-
,, time Pedasien qui étoit, dit-il, le plus
,, considérable des Eunuques de Xerxes, fut
,, de tous les hommes celui qui se vengea
,, le mieux de l'injure qui lui avoit été faite.
,, Après avoir été pris il fût vendu à Panio-
,, ne de l'Isle de Chio qui faisoit négoce
,, d'Eunuques, & qui faisoit châtrer tous
,, les beaux garçons qu'il achetoit pour les
,, vendre ensuite bien chérement à Sardis
,, & à Ephese ; parce que parmi les Bar-
,, bares on estimoit plus les Eunuques que
,, les autres, à cause de leur fidélité &
,, de la confiance qu'on pouvoit prendre
,, en eux pour toutes choses ; Comme,
,, dis-je, ce Panione à qui Hermotime fut
,, vendu, vivoit de l'infame commerce qu'il
,, faisoit des Eunuques, il fit couper Her-

B   motime

* Herod te liv. 8.

„motime de même que plusieurs autres :
„Mais Hermotime ne fut pas malheureux
„à tous égards, car ayant été mené de Sar-
„dis au Roi avec d'autres présens, il aquit
„avec le tems plus de faveur & de crédit
„auprès du Roi que pas un des autres Eu-
„nuques : Lors que le Roi fit partir ses
„troupes de Sardis pour aller à Athenes,
„Hermotime fut envoyé pour quelque af-
„faire dans un endroit de la Mysie nommé
„Atarne, où il trouva Panione, qu'il
„reconnut, & l'ayant abordé il lui parla
„avec toute sorte de douceur, d'hon-
„nêteté & de témoignage d'amitié ; Il lui
„dit premiérement qu'il possédoit par
„son moyen tous les biens qui lui étoient
„arrivez, & ensuite il lui promit de lui
„donner des marques de reconnoissance
„pour ce bienfait, s'il vouloit venir avec
„les siens, demeurer dans sa maison ; Pa-
„nione se laissa persuader par ce discours
„& amena librement sa femme & ses en-
„fans chez Hermotime ; Mais il n'y fut
„pas si tôt arrivé qu'Hermotime lui parla
„en ces termes, *Oh le plus méchant de tous*
„*les hommes qui as jusqu'à présent gagné ta vie*
„*du plus détestable de tous les commerces. Quelle*
„*injure as tu reçüe, toi ou ceux de ta maison, ou*
„*de mes parens, pour m'avoir réduit en ce mise-*
„*rable état dans lequel, d'homme que j'étois je*
„*ne suis maintenant ni homme, ni femme ?*
„*Pensois tu que les Dieux ne vissent pas ce que*
„*tu faisois alors ? Comme ils sont justes &*
„*équitables, infame artisan de malheurs, ils*
„*t'ont mis aujourd'hui en ma puissance pour*
„*me-*

„mesurer ton châtiment par ses mauvaises ac-
„tions. Quand il eut fait ces reproches à ce
„misérable, il fit amener devant lui quatre
„enfans qu'il avoit, & le contraignit de
„les châtrer; Et quand il eut obéi il o-
„bligea ses enfans de couper eux-mêmes les
„parties de leur Pére. Telle fut la vengean-
„ce d'Hermotime & telle fut la punition
„de Panione. Quelques-uns ont crû qu'il
les avoit poussez trop loin & qu'il s'étoit
fait justice à lui même. La vengeance de
Narses fut bien plus importante présupposé qu'elle soit véritable, car Baronius &
plusieurs Auteurs en doutent. Narses
ayant vaincu les Barbares & les Gots, &
s'étant rendu auprès de l'Empereur Justinien, l'Impératrice Sophie envoya ce Capitaine parmi ses femmes pour filer avec
elles, & pour se railler de lui parce qu'il
étoit Eunuque. Ce mépris ayant excité la
colére & l'indignation de Narses l'obligea
à dire ces mots, *Je filerai une trame que ton
mari ne saura défaire.* En effet, dans la suite
il mit les Lombards hors de la Jurisdiction
de l'Empire. D'ailleurs, j'avouë que je
ne vois rien de plus juste que le ressentiment
d'Hermotime, & que la peine que méritoit Panione, non seulement pour l'avoir
châtré, mais pour en avoir châtré un mil-
lion d'autres pour satisfaire à son commerce & à son avarice, ne pouvoit être trop
grande. Hermotime étoit fondé en Loi;
la Loi du Talion a toûjours été établie, on
la voit dans la Loi des douze Tables en ter-

mes

mes précis, * *pœna autem injuriarum ex lege duodecim Tabularum propter membrum quidem ruptum Talio erat.* L'Empereur Juftinien a ordonné depuis pofitivement la peine du Talion, ou de la pareille, contre ceux qui feroient fouffrir cette efpéce de martire ; § *Sancimus igitur*, dit-il, *ut qui in quocunque reipublicæ noftræ loco, quamcumque perfonam caftrare præfumunt aut etiam præfumpferint, fi quidem viri fint qui hoc facere præfumpferint aut etiam præfumunt, idem hoc quod aliis fecerunt & ipfi patiantur.* Cette Loi eft conforme à la droite raifon ; car comme dit Ovide, †

Qui primus pueris genitalia membra recidit,
Vulnera quæ fecit, debuit ipfe pati.

Cependant, comme le Chriftianifme n'approuve point l'Eunuchifme, la Loi du Talion a été abrogée à fon égard par l'Empereur Leon, pour les raifons fages & Chrétiennes qu'il en rend dans fa Conftitution ᵖ;

Il y a enfin des Eunuques qui fe font faits, ou fait faire Eunuques eux mêmes par divers motifs que nous allons rapporter dans le chapitre fuivant.

---

* Inftit. lib. 4. tit. 4. de Injuriis. §. 7.   § Novell, 42. ch. 1.   † Amor. lib. 2. Eleg. 3. v. 3. & 4.
ᵖ Novell. 60.

CHA-

CHAPITRE VI.

Pourquoi quelques hommes se font faits eux-mêmes , ou fait faire Eunuques par d'autres.

IL y a eu des hommes qui se font faits Eunuques par un esprit de dévotion, dans la pensée de se rendre plus agréables à Dieu , & plus capables de travailler à leur salut. Comme Origéne a été le premier, le Pére pour le dire ainsi, & le Patriarche de ces sortes d'Eunuques, il est bon de faire voir en peu de mots le véritable motif qui l'a fait penser & agir d'une maniére si singuliére à cet égard. Je sçai bien que Justin Martyr * parle d'un jeune homme d'Aléxandrie antérieur à Origéne , qui pour faire voir que ceux qui accusoient les Chrétiens de commettre dans leurs Assemblées des saletez horribles, n'étoient que des calomniateurs, présenta requête à Felix, Gouverneur de cette Ville, pour obtenir de lui un Chirurgien qui le mit hors d'état d'être jamais soupçonné d'aucune impureté ; Mais comme Felix le lui refusa parce que les loix Romaines le desfendoient, comme les Canons de l'Eglise

B 3   le

* Apol. 2. pag. 71. adressée à l'Empereur Antonin.

le deffendirent depuis, je crois avoir raifon
de mettre Origéne le premier en ordre;
parce que s'il n'a pas été le premier qui ait
eu un femblable deffein, au moins a-t il été
le premier qui l'ait éxécuté.

Origéne näquit à Alexandrie l'an 185.
de Jefus Chrift. Son Pere nommé Leoridas
le fit étudier en Theologie, dans la connoiffance de laquelle il le rendit très-fça-
vant. Le témoignage de Saint Jerôme fuffit
pour le prouver, car dans le rems même
qu'il écrivoit le plus fortement contre Origene il reconnoiffoit qu'il avoit été un grand
homme dès fa naiffance, * Magnus vir ab in-
fantia; Il étoit fi ardent à profeffer la Religion Chrétienne, que la perfécution s'étant
élevée dans Aléxandrie fous l'Empire de
Severe l'an 202. de Jefus Chrift, il voulut
courir au Martyre quoi qu'il ne fut âgé que
de feize à dix fept ans; & il y feroit allé fi
fa mére ne l'en eut empêché en le retenant
par force & par adreffe. Ne pouvant donc
le fouffrir lui-même il exhorta fon Pere
par lettres à l'endurer courageufement.
En effet il eût la tête tranchée & fes biens
furent confifquez, de forte qu'Origene fut
réduit à la derniere pauvreté. Une Dame riche d'Alexandrie en ayant eu pitié
le retira dans fa maifon; Elle y avoit avec
elle un fameux Hérétique d'Antioche qu'elle avoit adopté pour fils, qui faifoit chez
elle des conférences auxquelles les hérétiques & les orthodoxes affiftoient indiffé-
remment

* Epiftol. 5. 6. ad Pammachium de Erroribus Ori-
gini.

remment. Origene conversa bien avec
lui, mais il ne voulut jamais avoir de communication avec lui dans la priére, observant religieusement les Réglemens de l'Eglise, & témoignant de l'horreur pour la doctrine des Hérétiques ;

Il souhaita de vivre indépendamment d'autrui, & en effet il se mit à enseigner la Grammaire; & depuis, la chaire de l'Ecole d'Alexandrie étant vacante elle lui fut donnée, & comme elle ne lui produisoit pas suffisamment de quói vivre, il vendit tous ses livres qui traitoient des sciences prophanes, & se contenta de quatre oboles par jour que lui donnoit celui qui les avoit achetez. Il commença alors à mener une vie très laborieuse & très-austere : & comme son emploi l'obligeoit à être souvent avec des femmes qu'il instruisoit aussi bien que les hommes, pour ôter aux Payens tout prétexte de soupçon de quelque mauvaise conduite à cause de sa grande jeunesse; il se résolut d'éxécuter à la lettre la perfection qu'il se persuadoit que Jesus Christ avoit proposée dans ces paroles de l'Evangile. *Il y en a qui se sont faits Eunuques eux mêmes pour le Royaume des Cieux.* Il tâcha de tenir cette action secrette, il la cacha même à ses amis; mais il il ne put empêcher qu'elle ne fut sçuë. Demetrius Evêque d'Alexandrie en eut connoissance, loua son zele, & l'ardeur de sa foi, mais il changea de langage bien-tôt après; car la reputation d'Origene s'étant répanduë en divers lieux où il étoit allé,

Demetrius écrivit contre lui & lui reprocha cette action qu'il avoit louée. Il pouffa
sa paffion fi loin qu'il le fit chaffer d'Aléxandrie, le fit dépofer dans un Concile d'Evêques d'Egypte, & même excommunier,
& écrivit par tout contre lui pour le faire
rejetter de la Communion de toutes les
Eglifes du monde. Ce narré tiré d'un
Auteur * authorifé par l'approbation du public & conforme à ce qu'en dit Eufebe, refute & détruit ce que rapporte Saint Romuald fur ce fujet. Il dit † que l'an 232.
il s'éleva une fédition populaire dans Aléxandrie contre Origene qui l'obligea à fe
retirer ailleurs, laiffant fon difciple Heracles
en fa place de Recteur des Ecoles de la
Ville. On ne fçait pas bien, dit-il, la caufe de cette fédition, les uns l'attribuent à
la publication qu'il avoit faite de fon
Periarchon, ou des principes, qui étoit un
vrai labyrinthe d'erreurs; & les autres
aux efforts qu'il faifoit pour perfuader à fes
difciples de l'imiter en fe faifant Eunuques
comme lui, foit par le fer ou par la ciguë,
afin d'énerver tout à fait cette partie rebelle du corps, & fe priver ainfi de tout
mouvement beftial de la chair. Il fe range du fecond avis, parce, dit-il, que ce fut
à peu près dans ce tems que cette erreur
fe convertit en héréfie, par le faux zéle de
ce

* Dupin nouvelle Bibliothéque des Auteurs Eccléfiaftiques tom. 1. pag. 121. &c. tiré d'Eufebe liv. 6. ch. 2.
8. 19. traduction Françoife, les chapitres de laquelle ne
fe rapportent point à l'Edition Gréque ni Latine.
† S. Romuald. tom. 2. pag. 185. du trefor Hift.
& Chronol. in fol.

ce Valeſius Arabe dont j'ai déja parlé, &
qui en fut le Propagateur *. Mais il eſt
certain 1. qu'Origine n'a jamais fait de
violence à perſonne, il a tenu ſon action
ſecrette, & ſi elle s'eſt divulguée ça été contre ſon intention; † 2. Il l'a lui-même condamnée depuis, c'eſt un fait que le même
Auteur dont j'ai tiré l'abregé de ſon Hiſtoire remarque expreſſément; Euſebe ſon
plus grand Protecteur en parle d'une maniére qui fait voir qu'il en avoit honte;
Il avoit honte auſſi d'avoir employé trop
de tems à l'étude des ſciences profanes, &
il s'en excuſe dans le ſecond livre de ſon
apologie, ou de ſa deffenſe. § Les paſſa-
ges où Origene lui-même a condamné ſon
action ſont dans ſon ſermon 15. ſur St.
Matthieu, au ch. 19. ℣. 12. & dans ſon ouvrage contre Celſe, liv. 7. Il n'y a qu'à
lire auſſi ce qu'il dit dans ſon Traité ſep-
tiéme ſur le Chapitre dix-huitieme de St.
Matthieu pour être convaincu qu'il a bien
changé d'avis, voici ſes termes; *Nos autem
ſi ſpiritales ſumus verba ſpiritus ſpiritualiter
accipiamus & de tribus iſtis Eunuchizationibus
ædificationem introducentes moralem. Eunuchi nunc moraliter abſtinentes ſe a veneriis ſunt
appellandi; Eorum autem qui ſe continent dif-
ferentiæ tres ſunt.* Ceux qui ſont Eunuques
dès le ventre de leur mére, ſont, dit-il,
ceux qui le ſont par tempéramment, qui

B 5

ſont

* Euſebe parle de cette ſédition, mais il n'en dit pas
la cauſe, liv. 6. ch. 41. &c.   † Voyez la Vie de Tertul-
lien & d'Origéne, par Mr. de la Motte ch. 5. ſur la fin.
§ Dupin ibid. ubi ſupra. Et Euſebe ibid. ch. 1.

font nez froids ou impuiſſans ; ceux que
les hommes ont fait, font, ajoute-t-il, ceux
qui le font par raiſon, ce font ces Philo-
ſophes qui faiſant profeſſion d'une ſageſſe
mondaine, s'abſtiennent du commerce des
femmes par des maximes humaines, ou
ceux auſquels une fauſſe honte, ou les loix
publiques les deffendent : Les Eccleſiaſtiques de l'Egliſe Romaine ſont de ce nombre. Ceux enfin qui ſe font Eunuques pour
le Royaume des Ciéux ſont, dit-il, ceux
qui ſont chaſtes par vertu & par pieté,
pour être mieux diſpoſez au ſervice de
Dieu, & dans l'intention d'être mieux
diſpoſez au ſervice de Dieu, & dans l'intention de lui être plus agreables. * Socrate l'Hiſtorien dit qu'Origene, qu'il nomme *Doctor Valdè ſapiens*, avoit reconnu
que les préceptes de la Loi de Moïſe ne
pouvoient pas s'entendre à la lettre & qu'il
falloit leur donner une explication plus ſu-
blime, & il ajoute que, *præceptum de pa-*
ſchate ad altiorem diviniorémque ſenſum tra-
duxit; ce qui fait voir d'autant plus qu'O-
rigene étoit revenu de l'ancienne erreur
dans laquelle il avoit été, qu'il falloit entendre à la lettre ce qui eſt contenu dans
le Vieux & dans le Nouveau Teſtament;

Valeſius dont j'ai déja parlé vint aprés
lui, & comme les diſciples vont toûjours
au delà de leurs Maîtres, (ſi tant eſt que
Valeſius qui n'étoit qu'imitateur d'Origene,
puis que cet ancien Docteur ne lui avoit
jamais enſeigné ni recommandé cette cruel-

le doctrine, puisse ou doive passer pour son disciple) enchérit beaucoup sur la pratique d'Origéne ; car au lieu qu'Origéne n'avoit considéré les paroles de Jesus Christ que comme un Conseil, qu'il ne l'avoit pratiqué que *ad melius esse* comme parlent les Philosophes, par desir de parvenir à la perfection ; & pour ôter à ses ennemis tout prétexte de juger mal de ses conversations avec des filles qu'il enseignoit, Valesius au contraire changea cette action volontaire en action nécessaire, & forçoit tous ceux qui tomboient entre ses mains à se faire Eunuques ; car lors qu'ils ne vouloient pas le faire eux mêmes il les y contraignoit, il les lioit sur un banc & leur coupoit de ses propres mains leurs parties viriles, en leur disant qu'il falloit accomplir à la lettre ce qu'avoit dit nôtre Seigneur, *Qu'il y avoit des Eunuques qui s'étoient faits Eunuques pour le Royaume des Cieux.*

Cette secte qui fut appellée la secte des Valesiens, ou des Eunuques, ne dura pas long tems ; 1. parce qu'elle fut absolument condamnée par le premier Concile général de Nicée à l'occasion de Leontius Prêtre qui s'étoit fait Eunuque ; 2. parce que ceux qui avoient subi la peine, avoient souffert de si horribles douleurs, & avoient été si fort en danger de mourir, que cela donna de la frayeur aux autres qui abandonnérent cette secte ; 3. & enfin, parce qu'étant deffendu par les loix Romaines de se faire Eunuque, il falloit en demander la permission au Magistrat Civil ; on se fit une

honte

honte de faire cette démarche, d'autant
plus qu'on étoit en quelque forte aſſuré
d'être preſque toûjours refuſé, témoin le
refus qui fut fait à ce jeune garçon dont
Juſtin Martyr fait mention dans ſa ſeconde Apologie à l'Empereur Antonin, qui
alla demander cette permiſſion au Préfect
Auguſtat, parce que le Médecin ne vouloit pas mettre la main ſur lui, *timore pœnæ.* * Voila le commencement, le pro-
grès, & la fin de cette ſecte.

D'autres motifs ont ſuccédé à ceux d'O-
rigéne & de Valeſius, & il y a eu des gens
qui ſe ſont faits Eunuques eux-mêmes par
des raiſons différentes. Tout le monde
ſçait l'hiſtoire de Combabus, elle eſt dans
Lucien, mais l'illuſtre Monſieur Bayle l'a
renduë fort publique accompagnée de toutes ſes circonſtances dans ſon Dictionnaire
hiſtorique †. Combabus étoit un jeune Seigneur ſçavant dans l'Architecture, à la
Cour du Roi de Syrie. Il fut choiſi par
ce Monarque pour accompagner la Reine
Stratonice dans un voyage aſſez long qu'elle devoit faire, pour aller bâtir un Temple à Junon ſuivant les ordres qu'elle en
avoit reçûs en ſonge. C'étoit un très beau
garçon, il crût que le Roi concevroit infailliblement quelque jalouſie contre lui,
il le ſupplia donc très inſtamment de ne
lui point donner cet Emploi, & n'ayant pû
obtenir cette diſpenſe il ſe compta pour
mort

_____

* l. 4. §. 2. ff. ad legem Corneliam de ſicariis & Veneficiis. † Voyez Diction. Hiſt. & Crit. de Mr. Bayle
.om. 1. pag. 955. & ſuiv.

mort s'il ne prenoit garde à lui d'une maniére qui ne fouffrit point de reproche. Il
obtint feulement fept jours pour fe prépa-
rer à ce voyage ; voic. donc quels furent
fes préparatifs. Dès qu'il fut à fon logis,
il déplora le malheur de fa condition, qui
l'expofoit à la trifte alternative de perdre
fa vie ou fon féxe, & après avoir bien foû-
piré il fe coupa les parties fecrettes qu'on
ne nomme pas, & les mit bien embau-
mées dans une boëte qu'il cacheta ; lors
qu'il fallut partir il donna la boëte au Roi
en préfence d'un grand nombre de perfonnes, & le pria de la lui garder jufqu'à fon retour. Il lui dit qu'il y avoit
mis une chofe dont il faifoit plus de cas
que de l'or & de l'argent & qui lui étoit
auffi chére que la vie. Le Roi mit fon
cachet fur cette boëte & la donna à garder au Maître de fa garderobe. Le voyage
de la Reine dura trois ans, & ne manqua
pas de produire ce que Combabus avoit
prévû, de forte que l'évenement juftifia
la précaution qu'il avoit prife.

Cette action de Combabus produifit un
autre motif de fe faire Eunuque. Ses amis
intimes voulurent l'être pour le confoler
de fa difgrace, fondez fur cette ancienne
maxime, que *c'eft une confolation pour les
malheureux que d'avoir des compagnons de leur
infortune.* Lucien ajoûte que cette conduite des amis de Combabus a fervi de fondement à une coûtume qui s'obfervoit tous
les ans, de mutiler plufieurs perfonnes dans
le Temple que Stratonice & Combabus

avoient

avoient fait bâtir , & il dit qu'ils se mu-
tiloient , *sive Combabum consolantes , sive Ju-*
noni , &c.

Mais voici d'autres motifs bien différens
de celui de Combabus & de ses amis ; un
jeune Gentilhomme bien fait , ayant vaincu sa Maîtresse par ses instances & par
sa persévérance , ne pouvant par un malheur qui lui arriva , profiter de sa Con-
quête , parce qu'il ne fut pas le Maître
des instrumens de sa passion ; qui ne voulurent pas lui obeir , & qui furent de glace
pendant que son cœur étoit embrasé , mor-
tifié de cette triste avanture , il se les
coupa , dès qu'il fut de retour au logis ,
& les envoya à sa Maîtresse comme une
victime sanglante capable d'expier l'offense
qu'il lui avoit faite. Montagne qui rapporte l'histoire * fait cette exclamation , *si*
s'eût été par discours & Religion comme les
Prêtres de Cybele , que ne dirions-nous d'une
si hautaine entreprise!

Le même Montagne raconte l'action
d'un païsan de son voisinage , qui se fit
Eunuque par une raison bien différente ;
ce fut par chagrin contre sa femme , &
par emportement. Ce bon homme ren-
trant dans sa maison , sa femme qui étoit
jalouse de lui à outrance , & qui le tour-
mentoit sans cesse , lui ayant fait un mauvais accueil à son ordinaire , fondé sur les
soupçons que sa jalousie lui donnoit , il se
coupa , avec la serpe qu'il tenoit , les
parties qui lui donnoient de l'ombrage &
les lui jetta au nez. Voi-

* Essais liv. 2. ch. 29.

Voici une autre espéce de gens qui se
font Eunuques ; ce sont des hommes qui
craignent la lépre ou la goutte , & qui
pour jouir de l'avantage qu'il y a à en
être éxempt , aiment mieux perdre ceux
qu'ils pourroient tirer de leurs parties viriles. Il est certain que la lépre n'attaque
point les Eunuques : outre l'expérience
voici ce que Mr. le Prêtre conseiller au
Parlement de Paris en rapporte dans les
Questions Notables de droit. * *Antipathia verò
Elephantiasis veneno resistit ; Hinc Eunuchi,
& quicumque sunt molli, frigidæ & effœmi-
natæ naturæ , nunquàm aut rarò lepra corripi-
untur ; & quidem quibus imminet lepræ periculum de consilio medicorum , sibi virilia am-
putare permittitur. c. ex part. 11. ex. de corpor.
vitiatis ordinandis , vel non ; Quod etiam ali-
quando permiserunt nonnulli leprosis ministran-
tes , manifesto experimenta , magnoque vitæ &
sanitatis commodo.* § Mézeray dit , dans la
Vie de Philippe Auguste , qu'il *a lu qu'il
y avoit des hommes qui appréhendoient si fort la
ladrerie , cette vilaine & honteuse maladie ,
qu'ils se châtroient pour s'en préserver.*

Les Eunuques ne sont jamais chauves ,
parce qu'ils ont le cerveau plus entier que
les autres hommes à qui Venus en fait perdre une bonne partie , leur semence tirant
de là sa principale origine. Ils sont aussi
éxempts de la goutte, Hyppocratest † , &
Pline

* Centuries 1. ch. C. de separatione ex causa luis Ve-
nerex. § Abreg. Chronol. tom. 2. pag. 639. † Voyez
Hippocrat. lib. Aphorism. 28. & 29.

* Pline en rendent de très bonnes raifons.
Cœlius Rhodiginus, le dit auffi au chapitre trentiéme du livre quinziéme, *lectionum
antiquarum* ; Et dans quelqu'autre endroit
de ce même Ouvrage il dit, que les Eunuques feuls font éxempts d'être offenfez de
certaine vapeur qui fort de la terre en quelques lieux de l'Egypte, avec une telle
puanteur qu'elle fait mourir toute autre
forte de perfonnes. C'eft apparemment
la même chofe que ce qui eft rapporté par
Ammian Marcellin §, & par Dion dans la
Vie de Trajan touchant la grotte de Hie-
rapoli. Il y a, difent-ils, une citerne clofe
de toutes parts, fur laquelle on a bâti un
Theatre, de deffous lequel il fort un vent
fi pernicieux à toutes fortes d'animaux qu'ils
meurent incontinent, après en avoir été
atteints, excepté les hommes châtrez qui
ne fe fentent point du tout de la malignité
de ce vent.

D'autres fe font faits Eunuques par
fantaifi & par folie, témoin cet Athée
qui n'en avoit point d'autre raifon que fon
caprice, & qui le fit par pure extravagan-
ce. Témoin encore plufieurs autres dont
les noms & l'hiftoire font rapportez dans
l'excellent Ouvrage de Theodore Zuinger
intitulé, *Theatrum Vitæ humanæ.* †

Il y a ces gens, enfin, qui fe font Eunuques, parce qu'étans condamnez à la mort
ils

---

* Plin. lib. 11. cap. 37. § lib. 23. † Tom. 17.
lib. 3. tit. defectus teftium vel naturâ, vel cafu Eunuchi.
fpadones, caftrati. Et tit. Hermaphroditorum &
facrorum ridiculorum.

ils craignent l'infamie ou les douleurs du
supplice & veulent les prévenir par cette
opération qui les tuë infailliblement, parce qu'elle eſt mal faite & mal dirigée.
D'autres étans accuſez de crimes graves &
énormes craignent d'être appliquez à la
queſtion, & pour éviter cette terrible
épreuve & la confeſſion qu'elle extorque-
roit de leur bouche, ils s'ôtent la vie par
cette mutilation.

CHAPITRE VII.

Des Eunuques ainſi nommez à cauſe de leurs Emplois ; Et de ceux qui le ſont dans un ſens figuré.

CEux qui ont rempli des dignitez qui
avoient été originairement occupées
par des Eunuques, ont été eux mêmes
appellez Eunuques, de la même maniére que ceux qui occupent dans les Tribunaux & dans les Conſeils, les places
qui n'étoient autrefois données qu'à des
vieillards ſont encore appellez aujourd'hui
Sénateurs. Les Eunuques avoient divers
Offices & faiſoient des fonctions différentes dans les Cours des Princes. Ceux
qui ont ſuccédé à ces Offices ont été appellez Eunuques, & c'eſt en ce ſens qu'il
eſt

eſt parlé dans l'Ecriture Sainte des Eunuques de Pharao Roi d'Egypte, de David, des Rois d'Iſraël, des Rois de la Ju-
dée, d'Aſſuerus Roi de Perſe, des Rois
de Babilone, de celui de la Reine de Candace; & du Préſident, ou de l'Intendant
des Eunuques. On peut dire même que ce
mot, *Eunuque* étoit autrefois un terme général qui ſignifioit toutes ſortes d'Officiers
des Rois ou des Princes de quelque qualité
& de quelqu'ordre que fuſſent ces Officiers. Ces Eunuques n'étoient ainſi appellez que parce qu'ils repréſentoient dans
leurs Emplois les Eunuques proprement
ainſi nommez qui y avoient été leurs
prédéceſſeurs. Les premiers étoient Eunuques, *ratione impotentiæ & ademptæ virilitatis* ; les autres ne l'étoient que *ratione
officii.* Putifar, par éxemple, qui étoit
l'Eunuque de Pharao, ne l'étoit que
parce qu'il poſſédoit une Charge qui n'a-
voit été occupée juſques là que par des
Eunuques. On n'en peut point douter,
puiſque Putifar avoit une femme, &
une fille nommée Aſenech, que l'on a
crû avoir été mariée à Joſeph. Nous verrons plus particuliérement dans la ſuite
quels poſtes ou plûtôt quels rangs, les Eunuques tenoient dans les Cours de ces
Rois & de ces Princes, & dans d'autres
Cours dans leſquelles ils étoient établis;
voyons préſentement ce que c'eſt qu'un
Eunuque, ce mot étant pris dans un ſens
figuré.

   On appelle Eunuque un homme chaſte,
qui

qui vit ſagement dans le Célibat. Tels é-
toient les Juifs Eſſeniens dont parle Joſeph l'Hiſtorien * & ces Juifs Phariſiens
qui demeuroient dans la continence , &
qui le faiſoient pour cela des violences ri-
dicules & ſuperſtitieuſes , qui gardoient
dis-je la virginité pendant pluſieurs années
pour le Royaume des Cieux , dans la pen-
ſée qu'ils le méritoient & qu'ils ſe l'aque-
roient par cette voye. Il y a pluſieurs Interprétes très ſenſez qui croyent que quand
Jéſus Chriſt dit dans Saint Matthieu qu'il
y a des Eunuques qui ſe ſont faits Eunuques eux-mêmes pour le Royaume des
Cieux , il fait alluſion à ces deux Sectes
de Juifs. Qu'il n'entend point preſcrire
aux Chrétiens ce qu'ils doivent faire à cet
égard , mais qu'il leur parle de ce qui s'é-
toit pratiqué juſqu'alors dans le Judaïſme
depuis que la République , & la Religion
corrompuë étoient paſſées aux Juifs. Il blâme la témérité de ces gens qui ſe faiſoient
Eunuques , pour le dire ainſi , dans la vûë
de gagner le Paradis par-là , ſoit en demeu-
rant Eunuques pendant un certain tems ,
comme ſi la continence n'étoit pas au deſſus
desforces humaines , & comme ſi ce n'étoit
point un don de Dieu qu'il accorde à peu
de gens. En effet il ne dit pas aux Chrétiens
qu'il en aura qui ſe feront Eunuques , ou
qu'il doit y en avoir qui doivent ſe faire
Eunuques , mais qu'il y en a qui ſefont
faits

* Joſeph. Antiquit. Judaïq. liv. 18. ch. 2. idem de
la guerre des Juits liv. 2. ch. 7.

faits Eunuques par le passé. Le mot † Grec
qui est employé dans l'Original est un préte-
rit, ce qui marque non ce qui se pratiquoit
parmi les Chrétiens, ou ce qui devoit se
pratiquer à la suite parmi eux, mais ce qui
s'étoit pratiqué avant eux & qui se pratiquoit encore alors parmi quelques sectes de
Juifs. * Saint Epiphane réfute les Hérésies de ces deux sortes de Sectes, & fait
voir éxactement en quoi elles consistoient
alors. § Un célébre Docteur Anglois
prétend que ceux dont Jésus Christ parle
dans Saint Matthieu, sont ceux qui vi-
vent chastement, parce que Dieu l'a com-
mandé, soit qu'ils soient mariez ou non.

Je n'étendrai pas trop loin la signification
figurée du mot, *Eunuque*; Tout le monde
sçait que le mot *châtré* qui est à peu près le
même que celui d'Eunuque, se dit des choses dont on a retranché quelque partie. Il
y a eu des femmes Eunuques ; Andramis
premier Roi de Lydie a été le premier qui
en a fait châtrer, il s'en servoit au lieu
d'hommes Eunuques. On dit un livre châtré, lors qu'on en a retranché quelque chose,
par éxemple, la traduction que Mr. d'A-
blancourt a faite de l'Eunuque de Lucien,
est châtrée, parce que sous prétexte d'en
retrancher quelques obscenitez, il en a ôté
plusieurs périodes. On dit des Côtrets châtrez,

---

† Ευνεχισαν.
* Liv. 1. tom. 1. Heres. 15. 16. § Mr. Dodwel,
dans les aditions aux Oeuvres Posthumes & Chronolo-
giques de Pearson; dans sa digression sur le ch. 6. à l'occasion de la prétenduë Domitille, Vierge & Martyre.

trez, une ruche de Mouches à miel châtrée;
des Arbres & des Ceps de vigne châtrez.
On dit même qu'on a châtré un homme quoi
qu'il ait encore ses parties viriles, lors
qu'on l'a châtré de la langue ou de quelqu'autre membre du corps que ce soit;

* *Si Hercle ego te non elinguendam dedero usque*
  ab radicibus,
Impero auctorque sum, ut tu me cuivis castran-
  dum loces.

Un Auteur moderne† dit qu'on remarque
entre les bizarreries étranges de Domitien
qu'il fit arracher les Vignes de plusieurs
Provinces particuliérement des Gaules;
& que comme à son avénement à l'Empire, affectant la réputation de bon Prince, il avoit deffendu de plus couper les jeunes garçons (car le luxe & l'inhumaine
volupté des riches se donnoit impunément
la licence de faire cet outrage à la nature
pour avoir des Eunuques à la mode des
Orientaux.) Le Philosophe Appollonius,
grand ennemi de la Tyrannie dit ce bon mot
qui a été relevé & conservé, *que ce Prin-*
ce véritablement avoit conservé la virilité aux
hommes, mais qu'il avoit châtré la terre. Voila donc la terre Eunuque, mais c'est une
raillerie d'Appollonius; & il ne la rapporte que pour faire voir en combien de
sens & de maniéres, ce mot peut-être pris.
Il y a eu des Eunuques dans le mariage

* Plaut. in Aulular. Act. 2. Scen. 2. v. 72. 73.
† Mezerai Histoire de France avant Clovis in 12
pag. 160.

ge quoi qu'ils fuſſent fort en état d'en remplir les devoirs ; Quelques Interprêtes
croyent que tels étoient ces Eunuques dont
il eſt parlé au chapitre cinquante-ſixiéme
d'Eſaïe, mais il y a peu d'apparence, car
il eſt dit qu'ils ne ſont que des troncs deſſéchez ce qui ne convient qu'aux vérita-
bles Eunuques. Il y en a une infinité d'autres qui ne ſouffrent aucune conteſtation,
tel eſt celui dont Gregoire de Tours parle
dans ſon Hiſtoire de France. Un certain
Sénateur de Clermont en Auvergne, qu'il
dit s'être nommé Injurioſus, fils unique,
fut fiancé à une fille auſſi unique & de
ſa qualité, mais riche: S'étant Epouſez
quelques jours après, on les mit au lit en
la maniére accoûtumée. D'abord que l'E-
pouſe y fut, elle ſe tourna du côté de la mu-
raille, ſoupira & pleura amérement. Le
jeune Epoux ſurpris, lui demanda, la preſ-
ſa, & la conjura par Jéſus Chriſt Fils de
Dieu, de lui dire ou de lui faire entendre ſagement quel étoit le ſujet de ſa triſ-
teſſe; elle lui dit qu'elle avoit fait vœu
de demeurer Vierge toute ſa vie, & que
ſe voyant ſur le point de violer ſon vœu,
elle croyoit que Dieu l'avoit abandonnée.
Qu'au lieu de Jéſus Chriſt qu'elle croyoit
avoir pour Epoux qui lui avoit promis de lui
donner le Royaume des Cieux pour pré-
ſent des nôces, elle n'avoit qu'un homme mortel qui ne pouvoit lui donner que
des choſes périſſables, & fit de grandes ex-
clamations ſur ce ſujet. Ce jeune homme
qui avoit beaucoup de piété lui repréſen-

ta que comme ils étoient l'un & l'autre
enfans uniques , on les avoit mariez enfemble afin d'avoir lignée & de perpétuer
leur famille Noble ; & afin fur tout que
leurs biens ne tombaffent point dans des
mains étrangéres. Elle repliqua que le
monde & fes richeffes n'étoient rien ;
que la pompe de ce fiécle n'étoit qu'une
fumée ; que la vie n'étoit qu'un vent, &
qu'il valoit bien mieux aquerir les biens
du Paradis, & la Vie éternelle. Elle dit
tout cela d'une maniére fi vive & fi touchan-
te, qu'elle perfuada fon Epoux, & qu'elle
en tira ces paroles fi conformes à fes defirs.
Que fi c'étoit fa volonté de s'abftenir de
toute convoitife, & de toute œuvre de la
chair, il lui promettoit de fe conformer à
fon intention. Elle lui dit que c'étoit une
chofe difficile à pratiquer, cependant, que
s'il tenoit parole & que tous deux demeu-
raffent Vierges dans ce monde, elle lui feroit part d'une partie du Douaire qui lui
avoit été promis par fon Epoux & Seigneur
Jéfus Chrift, lors qu'elle fe donna, &
qu'elle fe voua à lui comme Epoufe & Ser-
vante. Il lui renouvella fa promeffe, l'af-
fura qu'il effectuëroit ce à quoi elle l'exhor-
toit, & s'étans donnez la main l'un à l'autre, ils s'endormirent ; Ils couchérent depuis dans un même lit pendant plufieurs années fans bleffer leur Vœu de chafteté.
Tout cela n'a été fçû qu'après leur mort.
L'Epoufe étant décédée la premiére, fon
Epoux fit fes funérailles, & la mettant
dans le fepulchre, il dit ces paroles à haute
voix,

voix, Je te rends graces, Seigneur Dieu Eternel, de ce que je te restituë ce trésor aussi entier que je l'avois reçû de toi en dépôt. L'Histoire dit, que l'Epouse lui répondit comme en soûriant, *Pourquoi révéles-tu un secret sans en être requis?* Et elle ajoûte un autre miracle que je ne rapporte point, parce qu'il ne s'en agit point ici.

Nicéphore **Calliste** * & l'Histoire tripartite § rapportent à peu près la même chose d'un Ægyptien nommé Amon qui a été depuis Religieux. La différence qu'il y a eu, c'est que ç'a été le mari qui a sermoné sa femme, au lieu que dans l'histoire précédente ç'a été la femme qui a persuadé son mari. Mais la même chose précisément est arrivée à l'Empereur Henri. Il a vécu avec l'Impératrice Chunegonde sa femme comme le jeune Gentilhomme Auvergnat dont je viens de parler, vécut avec la sienne. Chunegonde étoit une Princesse qui joignoit la jeunesse à la beauté, cependant ayant dit à Henri qu'elle avoit fait vœu de chasteté, il vécut avec elle comme avec sa sœur. Lors qu'il fut au lit de la mort, il rendit un témoignage public devant tous les Princes & les Seigneurs de sa Cour; Vierge, leur dit-il, vous me l'avez donnée, & Vierge je vous la rends. Ils ont été canonisez l'un & l'autre pour cela par Eugéne III. comme l'illustre Mr. Godeau nous l'apprend dans ses Eloges †. On peut dire à peu près la même chose de Marcien qui vécut de même en Eu-

---

* Liv. 8. chap. 41. § Liv. 1. ch. 12. † Elog. 5. des Empereurs. Elog. 9. des Impératrices.

Eunuque avec Pulcheria fa femme, & de plufieurs autres; Mais les éxemples que je viens de rapporter fuffifent. Si quelqu'un veut en voir un plus grand nombre, qu'il life le chapitre feptiéme du Livre quatriéme de Marule; & le Livre neuviéme de l'Hiftoire de Cromerus, dans lequel il trouvera l'Hiftoire de Boliflaus V., & de Cunegonde fa femme, qui d'un confentement mutuel vécurent enfemble toute leur vie dans une parfaite continence ; ce qui a donné lieu à un Polonois nommé Clément Latinius de faire ces deux Vers,

Conjuge confenuit cum Virgine Virgo maritus
Addictus ftudiis Cafta Diana tuis.

CHAPITRE VIII.

Quel rang les véritables Eunuques ont tenu dans la société civile.

Comme on a mis de tout tems une grande différence entre les Eunuques qui étoient nez Eunuques, ou qui avoient été faits tels dès leur naiffance, ou par force dans un âge plus avancé, & entre ceux qui fe font faits Eunuques eux-mêmes volontairement, il eft néceffaire de les diftin-

C   guer

guer ici. J'en ferai donc deux claſſes, &
d'abord j'éxaminerai quel rang les Eunuques forcez que je mets dans la premiére,
ont tenu dans la ſociété civile.

On ne peut pas faire une hiſtoire éxacte
& ſuivie qui montre le rang que ces ſortes
de gens ont tenu dans la ſociété civile,
cela méneroit trop loin & m'écarteroit
trop de mon but. Je dirai donc ſeulement,
qu'il paroît par l'Hiſtoire Sainte, & par
l'hiſtoire profane, que les Eunuques ont
poſſédé les premiéres & les principales
Charges dans les Cours, & qu'ils ont eu
la confiance & la faveur de leurs Princes;
Et je me contenterai d'en donner quelques
éxemples.

Je ne parlerai point d'une raiſon odieuſe
pour laquelle les Princes les aimoient autrefois; Tout le monde ſçait l'hiſtoire de
Sporus *; Néron le fit châtrer, & ſa folie
fut ſi grande qu'il tâcha de lui faire changer de ſéxe; Il lui fit prendre l'habit de
femme, il l'épouſa enſuite avec toutes
les formalitez accoûtumées, il lui donna
un douaire, un voile nuptial, & le tint
dans ſa maiſon en qualité de femme; à
propos de quoi quelqu'un dit aſſez plaiſam-
ment que le monde eût été bien heureux
ſi ſon Pére Domitien eût eu une telle femme; Il fit habiller ce Sporus à la maniére
des Impératrices, & le faiſant porter en
litiére il l'accompagna aux Aſſemblées &
aux marchez de la Gréce, & à Rome dans
le quartier des ſigillaires, où il le baiſoit

à

* Dion. Caſſius, in Neron. Art. 28.

à chaque moment. Je ne rapporte que cet éxemple, parce que j'en ai dit affez fur ce fujet dans le chapitre cinquiéme de cette première partie de mon Ouvrage.

Nous voyons dans le Livre d'Efther § que fept Eunuques étoient les Officiers ordinaires du Roi Affuerus, & qu'en particulier l'Eunuque Egée avoit le foin de garder les femmes de ce Roi; † Il y en avoit deux autres nommez Bagathan & Tharés qui commandoient à la première entrée du Palais du Roi; * l'Hiftoire de Judith nous apprend, que les Huiffiers de la Chambre d'Olopherne étoient des Eunuques, & que Vagao, ou Bagoas en étoit le principal; c'étoit lui qui avoit foin de la perfonne du Maître & de ce qui concernoit fa garderobe & fon lit; § l'Eunuque de la Keine de Candace qui fut batifé par Philippe, étoit un des premiers Officiers de cette Reine, & Sur-intendant de fes finances, & de tous fes tréfors; * c'étoit un Eunuque qui commandoit les troupes de Sedecias Roi des Juifs. Cyrus victorieux de tous fes ennemis, Crœfus & Sardes étans entre fes mains, avant pris Babylone, établit fa demeure dans le Palais Royal de la plus grande Ville de l'Univers; & confidérant qu'on ne l'y voyoit pas de bon œil, & qu'on ne lui vouloit point de bien, crût qu'il avoit befoin d'une forte Garde pour la fûreté de fa perfonne. Il ne prit cependant que des Eunuques pour fes

C 2

gardes

§ Ch. 1. v. 10. † Ibid. ch. 2. * Judith ch. 12.
§. Act. ch. 8. v. 26. * Jérémie ch. 52. v. 25.

des & pour les Officiers de sa Maison;
& les raisons qui l'y portérent sont amplement & exactement déduites sur la fin du
chapitre sixiéme du Livre septiéme de son
Histoire ou de la Cyropedie. On donnoit
les enfans en garde aux Eunuques, on
leur laissoit le soin de les élever, de leur
donner de * l'éducation, de les instruire
dans les belles lettres, & de leur enseigner les sciences & les disciplines; Tous
ces différens emplois les avoient rendus
recommandables dans le monde. Les Rois
& les Princes, soit qu'ils eussent été leurs
éléves, soit qu'ils ne les eussent point été,
les estimoient & les honoroient particuliérement; Ils avoient en eux beaucoup
de confiance, & ces Eunuques profitant
de ces avantages se rendoient insensible-
ment les Maîtres du Gouvernement & de
l'Etat, & abusérent beaucoup de leur crédit; la Religion Chrétienne en a quelquefois souffert. Les Cours se remplissoient
de ces sortes de gens, & ils s'emparoient
de tous les principaux emplois. Voici un
éxemple bien précis qui justifie cette vérité; C'est la Cour de l'Empereur Constance, elle étoit pleine d'Eunuques & ils y
étoient les maîtres de toutes les affaires;
Voici de quelle maniére Mr. Herman en
parle dans l'excellente Vie de § St. Athanase. „ Avant que d'attaquer le Prince
„ même, ce Prêtre Arrien fut assez adroit
„ pour gagner ceux qui étoient autour de
lui,

* Plat. de leg. lib. 3. § Grégoire de Nazianze Oraison 23.

„lui, car la familiarité qu'il avoit avec
„l'Empereur l'ayant fait connoître de
„l'Impératrice il entra aussi dans la fami-
„liarité de ses Eunuques, & particuliére-
„ment dans celle d'Eusebe qui étoit le
„premier de cette troupe efféminée, &
„l'un des plus méchans hommes du mon-
„de ; § Ayant prévenu l'esprit de cet
„Eunuque il pervertit les autres par son
„moyen ; ensuite il fit passer ce poison
„mortel dans l'ame de l'Impératrice, &
„dans le Cœur des Dames de la Cour ; ce
„qui a fait dire à St. Athanase que les Ar-
„riens se rendoient terribles à tout le mon-
„de, parce qu'ils étoient appuyez du cré-
„dit des femmes.

„Après cela il ne fut pas difficile à ce
„Prêtre Arrien de se rendre Maître de
„l'esprit de l'Empereur, qui étoit lui-mê-
„me l'esclave de ses Eunuques dont il avoit
„rempli toute sa Cour, & qui ne suivoit
„en toutes choses que les conseils & les
„mouvemens de ces hommes lâches.

„Mais quelque crédit qu'eussent tous les
„autres, ce n'étoit que comme de petits
„serpens qui ne faisoient que ramper, au
„lieu qu'Eusébe son grand Chambellan le-
„voit la tête avec orgueil ; † & en effet
„il se rendoit si formidable par sa puis-
„sance, que selon les historiens, pour en
„concevoir quelqu'idée qui fût conforme
„à la verité, il suffisoit de dire que Con-
„stance avoit beaucoup de crédit auprès de

C 3   lui.

* Athanas. ad solitar. pag. 384.   § Amm. Marcell.
liv. 18.   † Ibid. liv. 15.

„ lui. Eux de leur côté le flatoient jusqu'à
„ lui donner le titre de Roi éternel. * Ils
„ nous ont aussi dépeint ses excellentes
„ qualitez par ce bel Eloge, qu'il avoit
„ une vanité insupportable, qu'il étoit
„ également injuste & cruel, qu'il punis-
„ soit sans examen ceux qui n'étoient con-
„ vaincus d'aucun crime, & qu'il ne fai-
„ soit point de discernement entre les in-
„ nocens & les coupables. § Les Auteurs
„ prophanes sont remplis de plaintes con-
„ tre la malignité & la domination Tyran-
„ nique de cet Eusébe & des autres Eunu-
„ ques de Constance, mais ils ne consi-
„ dérent que les maux qu'ils firent à l'E-
„ tat, & nous avons sujet de déplorer ceux
„ que l'Eglise ressentit par leur violence ;
„ On vit ces hommes † voluptueux & effé-
„ minez, à qui les hommes du monde
„ confient à peine les moindres emplois qui
„ concernent le service de leurs maisons,
„ & que l'Eglise bannit de ses conseils,
„ selon ses régles saintes & inviolables,
„ devenir les Maîtres & les Souverains de
„ toutes les affaires de l'Eglise, & dominer
„ dans ses jugemens, parce que Constan-
„ ce n'avoit point de volonté que celle
„ qu'ils lui inspiroient, & que ceux qui
„ portoient le nom d'Evêques, trouvoient
„ de la gloire & du mérite à être les Mi-
„ nistres & les fidéles exécuteurs de toutes
„ leurs passions & à devenir les acteurs des
„ piéces de Théatre, que ces hommes si
„ mé-

* Ibid. l. 9. ch. 15. § Julian. Imperat. ad Athenieus.
pag. 501. † Athan. ad soliter. pag. 834 935.

„méprifables & fi corrompus avoient com-
„pofées. * Nous allons donc voir que ce
„furent eux qui cauférent tous les maux
„& tous les defordres que l'Eglife fouffrit
„alors, comme certes ils étoient très-
„dignes d'être les Protecteurs de l'héréfie
„Arrienne, & les ennemis de la divine
„fécondité du Pére éternel. Voici ce que
„St. Athanafe ajoûte à cela. L'Eunuque
„Eufébe, dit-il, étant arrivé à Rome,
„follicita d'abord Libére de foufcrire la
„condamnation d'Athanafe, & d'entrer
„dans la Communion des Arriens, difant
„que c'étoit la volonté de l'Empereur, &
„l'ordre exprès qu'il lui portoit de fa part ;
„& enfuite après lui avoir montré les pré-
„fens par lefquels il tâchoit de le féduire,
„il lui prit la main & lui dit, *laiffez vous
„perfuader par l'Empereur, & recevez ce qu'il
„vous donne.* Mais cet Evêque s'en défen-
„dit fortement & juftifia fa réfiftance par ce
„difcours........ Voila, dit-il, ce que
„répondit Libére à Eufébe, mais cet Eu-
„nuque étant moins affligé de ce qu'il n'a-
„voit pas foufcrit la condemnation d'Atha-
„nafe, que de ce qu'il trouvoit en fa per-
„fonne un ennemi de leur Héréfie, & ne
„confidérant pas qu'il étoit devant un Evê-
„que, après lui avoir fait de grandes me-
„naces, il le quitta, fortit avec les préfens
„qu'il venoit de lui offrir, & fit une chofe
„auffi contraire à la maniére d'agir des
„Chrétiens, qu'elle étoit même au deffus

C 4   „ de

,, de la témérité des Eunuques. . . . .
,, Une action si généreuse ayant augmenté
,, la colére & le transport de cet Eunuque,
,, il irita l'Empereur en lui réprésentant
,, qu'il ne devoit plus se mettre en peine de
,, ce que Libere ne vouloit pas signer la
,, condamnation d'Athanase, mais de la
,, disposition d'esprit qu'il faisoit paroître
,, contre leur Hérésie qui lui étoit si odieuse
,, qu'il prononçoit nommément des Ana-
,, thêmes contre les Arriens ; Il échauffa
,, aussi par ce discours l'esprit des autres Eu-
,, nuques, & il y en avoit un très grand
,, nombre à la Cour de l'Empereur, qui
,, pouvoient tout auprès de lui, & sans la
,, participation desquels il ne faisoit rien.
,, Constance écrivit donc à Rome, conti-
,, nuë nôtre Saint, & il y envoya tout de
,, nouveau des Officiers de son Palais, des
,, Secrétaires, & des Comtes, avec des
,, lettres qu'il adressoit au Gouverneur de
,, la Ville ; Et il leur avoit donné l'ordre,
,, ou de surprendre Libére par leurs ruses &
,, par leurs artifices pour le faire sortir de
,, Rome & l'envoyer à sa Cour, ou d'em-
,, ployer ouvertement la violence & l'ou-
,, trage afin de le persécuter. Ces écrits rem-
,, plirent toute la Ville de frayeur & d'épou-
,, vente, & ce n'étoit qu'embuches de tou-
,, tes parts. Combien y eut-il de familles
,, à qui on fit des menaces ? Combien de
,, personnes reçûrent des commandemens
,, contre Libére ? Combien y eut-il d'Evê-
,, ques qui se cachérent quand ils virent
,, ces excès ? Combien y eut-il de Dames
illustres

„illuſtres qui ſe retirérent à la Campagne
„à cauſe des calomnies dont les chargeoient
„ces ennemis de Jéſus Chriſt? Combien y
„eut il de ſolitaires qui ſe trouvérent expo-
„ſez à leurs embuches ? Combien firent-ils
„perſécuter de perſonnes qui avoient éta-
„bli leur demeure dans la ſolitude pour le
„reſte de leurs jours ? Quels ſoins ne pri-
„rent-ils point par pluſieurs fois, de faire
„garder les ports, & les portes de la Ville,
„de peur qu'aucun Catholique n'y entrât
„pour voir Libére ? Rome connut alors par
„expérience quelle étoit la conduite de ces
„impies qui déclaroient la guerre à Jéſus
„Chriſt même, & elle apprit pour l'ave-
„nir ce qu'elle n'avoit pas crû juſqu'à ce
„tems-là, pour ne l'avoir ſçû que par le
„récit des autres, ſçavoir de quelle manié-
„re ils avoient renverſé toutes les autres
„Egliſes en tant de Villes différentes.

„C'étoit des Eunuques qui faiſoient tous
„ces deſordres, & qui étoient auteurs de
„tous les excès que les autres commettoient
„de toutes parts. Et il n'eſt pas en effet
„étrange, que comme l'Héréſie des Ar-
„riens fait profeſſion de nier le Fils de
„Dieu, elle s'appuye du crédit des Eunu-
„ques, qui étans naturellement ſtériles,
„& ne l'étans pas moins dans l'ame en ce
„qui regarde les actions de piété & de ver-
„tu que dans le corps, ne peuvent du tout
„ſouffrir que l'on parle du Fils de Dieu.
„Cependant, l'Eunuque de la Reine d'E-
„thiopie ne comprenant pas ce qu'il liſoit,
„crût les inſtructions que lui donna Saint
C 5   „Phi-

,, Philippe touchant le Divin Sauveur. Mais
,, les Eunuques de Constance ne peuvent
,, souffrir que Saint Pierre ait autrefois con-
,, feffé fa Divinité ; Ils s'élévent même con-
,, tre le Pére Eternel quand il déclare que
,, c'eft fon Fils, & s'emportent de fureur
,, contre ceux qui difent que c'eft le vérita-
,, ble Fils de Dieu ; c'eft pour ce fujet que
,, la Loi deffend de les admettre dans les
,, Jugemens Eccléfiaftiques.   Mais les Ar-
,, riens viennent de les en rendre les maî-
,, tres.   Conftante ne prononce rien que ce
,, qui leur eft agréable, & ceux qui portent
,, le nom & la qualité d'Evêques, n'en di-
,, fent mot, & regardent tous ces defordres
,, avec diffimulation.   Hélas! Qui fera ce-
,, lui qui écrira un jour cette Hiftoire, &
,, qui fera paffer jufqu'à une autre généra-
,, tion la rélation funefte de tant de triftes
,, événemens ? Qui poura croire un jour de
,, fi grands excès quand on entendra dire que
,, des Eunuques à qui on confie a peine le
,, foin des affaires domeftiques, & dont le
,, fervice eft fufpect en ces rencontres, par-
,, ce que c'eft un genre de perfonnes qui
,, n'aiment que le plaifir & qui n'ont point
,, d'autre but que d'empêcher dans les au-
,, tres ce que la nature leur a refufé à eux-
,, mêmes ; Que ces Eunuques, dis-je, gou-
,, vernent maintenant les Eglifes !

     Ce Saint fait paroître une jufte indigna-
tion contre les Eunuques qui étoient alors
abfolus à la Cour, & qui fe font rendus éxé-
crables à leur fiécle & à toute la poftérité.
L'Arrianifme étoit tellement répandu parmi

mi eux , qu'en ce tems-là porter le nom
d'impie & celui d'Eunuque étoit la même
chofe , felon Saint Grégoire de Nazianze *.
Et leurs violences ont été fi odieufes aux
Payens mêmes , qu'Ammian Marcellin a
écrit d'eux , qu'ayant toûjours de la fierté
& de l'aigreur, & n'ayant pas les liaifons
domeftiques & les engagemens naturels
qu'ont les autres hommes, ils n'embraffent
que leurs richeffes qu'ils confidérent comme leurs très chères & très agréables filles.

† Mr. Herman dit , que l'Hiftoire de ce
combat eft devenuë fi célèbre dans toute la
poftérité , que les Payens mêmes en ont
marqué l'événement ; mais qu'il aime
mieux puifer dans les fources pures que d'a-
voir recours à ces ruiffeaux fi bourbeux ; Et
que comme il préfére avec raifon le témoignage de Saint Athanafe à celui de tous les
Auteurs de ce fiécle , c'eft par fes propres
paroles qu'il doit commencer l'importante
relation de laquelle j'ai tiré ce que je viens
de rapporter fur ce fujet.

Les Eunuques avoient été tout-puiffans
du tems du grand Conftantin , Pére de
l'Empereur Conftance dont je viens de parler. Il les avoit élevez aux premiéres Dignitez & les appelloit fes Amis ; mais ayant
appris combien ils éroient pernicieux à l'E-
tat , il les en avoit dépouillez , & les avoit
réduits a fe borner uniquement aux affaires
domeftiques. § Il y a dans le Code Théo-
dofien une Loi qui nous apprend que tout

C 6 　　　　　　l'Eml'Empire avoit gémi sous l'oppression de ces sortes de gens, sans avoir osé se plaindre; mais que l'Empereur en ayant eu connoissance, avoit publié cette Loi, par laquelle il invite tout le monde à venir dire ses griefs; il promet d'écouter lui-même ce qu'on aura à dire contre ces sortes de gens, & de punir ceux qu'on aura convaincu de quelque crime. Il les fit exclurre du Sacerdoce dans le fameux Concile de Nicée qu'il assembla. Cependant, quoi qu'ils fussent, pour le dire ainsi, dégradez & destituez de tous les Emplois publics, civils & militaires, comme ils approchoient de l'Empereur & qu'ils en avoient l'oreille, ils étoient encore formidables, & on les craignit jusques à ce qu'ils fussent entiérement éloignez. Licinius qui a été son Allié, & pendant quelque tems son Compagnon à l'Empire, les haïssoit beaucoup; il les appelloit *la tigne & la vermine de l'Etat*; * mais comme Licinius a été un Tyran, & un Prince qui s'est rendu odieux par plusieurs raisons, ce qu'il a fait dans des vûës particuliéres, ne peut point être tiré à conséquence. † Aléxandre Sévére ne les avoit point aimez, il les appelloit *tertium hominum genus*; Et au lieu que Heliogabale qui l'avoit précédé avoit été leur esclave, & Eunuque lui-même, il les humilia & les abaissa, il les réduisit à un fort petit nombre. Il en donna plusieurs à ses Amis, & pour montrer le peu de cas qu'il en faisoit, il

il leur dit en les leur donnant que s'ils n'a-
voient pas de meilleures mœurs que celles
qu'ils avoient euës jufqu'alors, ils pouvoient les tuer fans forme de procès. Il eft
extrémement loué dans l'Hiftoire de n'a-
voir pas imité les Rois de Perfe qui fe laif-
foient tellement gouverner par les Eunuques, que ces fortes de gens les cachoient à
leurs Sujets, qui ne pouvoient leur rien dire ni en recevoir aucune réponfe que par
leur canal; Ils leur rapportoient les chofes
comme il leur plaifoit; fouvent tout autrement qu'elles n'étoient, & prenans grand
foin que le Roi ne fçût que ce qu'ils vouloient bien qu'il fçût, il arrivoit fouvent
de grands inconvéniens, parce qu'ils donnoient telles impreffions qu'il leur plaifoit,
& au Roi, & à fes Sujets; * L'Hiftoire
d'Orfines en eft une preuve; Orfines étoit
un defcendant de Cyrus, le plus grand Seigneur de la Perfe, & le Sang le plus noble
de l'Orient; Il fit de grands préfens aux
Principaux de la Cour d'Aléxandre, & né-
gligea Bagoas; Quelqu'un lui ayant dit qu'il
avoit mal fait, parce qu'Aléxandre aimoit
cet Eunuque; Il répondit qu'il honoroit
les Amis du Roi, mais non pas fes Eunuques; Et que les Perfes fe fervoient autrement de ces gens-là que les Grecs; Ce difcours ayant été rapporté à Bagoas il jura la
ruine d'Orfines, homme d'une vie fans reproche; En effet, il fit tant de faux & de
fecrets rapports contre lui à Aléxandre,
qu'il l'aigrit & qu'il l'anima contre lui, de
forte

* Quint. Curt. lib. 10. cap. 1.

sorte qu'enfin il le fit mettre dans les fers,
& le condamna à la mort. Bagoas ne fut
pas content de faire traîner un innocent au
supplice, il eut bien l'impudence de le
frapper dans le tems qu'il alloit mourir,
mais Orsines l'envisageant avec indignation lui dit, j'avois bien ouï dire que des
femmes avoient autrefois régné dans l'Asie,
mais il m'est nouveau d'y voir régner un infame Eunuque. Aléxandre Sévére instruit
de tous les desordres que ces Eunuques
avoient fait, il les dompta tous, & les réduisit presque à rien. Ces Eunuques étoient
des gens qui vouloient sçavoir tout ce qui
se faisoit à la Cour, & qui vouloient qu'on
crût qu'il n'y avoit qu'eux qui le sçussent ;
c'étoit à eux à qui on s'adressoit pour obtenir des graces du Prince ; les Gouverne-
mens de Province ne s'obtenoient que par
leur moyen, & ils vendoient à deniers
comptans ce que le Prince donnoit desinté-
ressément. Cet Empereur aimoit assez la
solitude, il vouloit être seul ordinairement
après le dî er & à certaines heures du ma-
tin, personne alors ne pouvoit le voi . Un
certain Vetronius Turinus profitoit de cette retraite & faisoit croire aux gens, que
dans ce tems là il lui persuadoit & lui faisoit
faire tout ce qu'il vouloit, il le faisoit passer pour un fat qu'il conduisoit à son gré,
& sous ce prétexte il promettoit à tout le
monde ce qu'on lui demandoit, & se faisoit fort de le faire agréer ou éxécuter par
Sévéra, moyennant quoi il recevoit &
amassoit des sommes immenses. Comme il
n'é-

n'étoit pas vrai que l'Empereur fût tel qu'il
le disoit, ni qu'il eût le crédit dont il se
vantoit, il ne tenoit parole à personne,
ce qui donna lieu à bien des gens de mur-
murer. Cette conduite de Turinus étant
enfin parvenuë à la connoissance de l'Empereur, il voulut qu'on se rendit partie contre lui & qu'on l'accusât, de sorte que ce
qu'il avoit promis & qu'il n'avoit point ef-
fectué, & les sommes qu'il avoit touchées
pour cela ayant été découvertes, Sévére
le fit attacher à un poteau dans un lieu passant, & le fit mourir par la fumée qui s'é-
levoit vers lui d'un bois verd & humide
qu'on avoit allumé; * Et pendant qu'il
souffroit son supplice il y avoit un homme
qui crioit, *fumo punitur qui vendidit fumum.*

Les Eunuques furent plus considérez
sous Constantin pendant un certain tems.
Ils le furent encore plus sous Constance,
comme je l'ai fait voir. Ce Prince ni ses
fréres, ne furent ni aimez de leurs Sujets,
ni craints de leurs ennemis, comme Constantin leur Père l'avoit été, & ils avoient
peine à soûtenir une partie du fardeau qu'il
avoit porté lui seul avec tant de gloire ; les
Eunuques furent en crédit sous leur Régne.
Il paroit qu'ils ont encore été en faveur du
tems de Theodose le jeune ; † car on voit
dans le Code qui a été fait par son ordre,
qu'au lieu que ceux qui obtenoient des con-
fiscations étoient obligez d'en donner la
moitié au fisc, il dispensa ses Eunuques
de

* Ælius Lampridius in sever. † Cod. Theod. liv.
10. tit. 10, liv. 34.

de cette obligation & leur laiſſa le tout. Et Zozime * remarque que cet avantage porta ces Eunuques à commettre mille fauſſetez inſignes , comme de faire entendre au Prince que ceux dont ils demandoient que les biens fuſſent confiſquez à leur profit étoient morts ſans laiſſer de veuves , d'enfans , ni de parens , ce qui cauſoit ſouvent la déſolation de pluſieurs familles , & des larmes & des gémiſſemens aux héritiers légitimes , qui étoient ſouvent de vieilles veuves caduques ou infirmes , & des orphelins innocens. Il eſt certain pourtant qu'il fit un Edit qui deffendoit qu'aucun Eunuque ne fut du nombre des Patriciens , mais ce fut par une vûë particuliére , & pour deshonorer Antiochus qu'il contraignit par là à ſe renfermer dans un Cloître.

† Lucien nous apprend que Philœterus qui le premier a eu la Principauté de Pergame , étoit Eunuque , & qu'il a vécu quatre vingt ans. Il y a eu un autre Prince nommé Hermias qui a été Eunuque ; Il ne pouvoit jamais ſouffrir que perſonne parlât en ſa préſence de couteau , ni de ſection , parce qu'il s'imaginoit qu'à cauſe qu'il étoit Eunuque , ces mots lui étoient adreſſez.

§ Si l'extrait d'une lettre écrite de Batavia dans les Indes occidentales le. 27. Novembre 1684. contenu dans une lettre de Mr. de Fontenelles , reçûë à Rotterdam

---

* Liv. 5. pag. 800. † Lucian. Macrob. § Voyez Nouvelles de la République des Lettres Janvier 1686. art. 10. tom. 5. pag. 87.

dam par Monſieur Bânage, fait le recit d'une avanture véritable, comme on peut le croire, puis que l'illuſtre Mr. Bayle qui l'a rapporté ne la donne point pour fabuleuſe, & qu'il la certifie en quelque ſorte, bien loin de la rendre ſuſpecte ; Mreò Reine de l'Iſle de Borneo, veut que tous ſes Miniſtres ſoient Eunuqúes ; Eénegu, Princeſſe qui lui diſpute le Trône, ne veut point d'Eunuques dans ſa Cour. Comme nous ne ſçavons pas quel ſuccès, ont eu les conteſtations & la guerre que ces deux Princeſſes ont euës entr'elles, ni par conſéquent laquelle des deux jouït préſentement de l'Empire, on ne ſçait pas ſi les Miniſtres de la Reine de l'Iſle de Borneò ſont Eunuques, ou s'ils ne le ſont point. Or. peut dire ſeulement que Mreò agit comme Plautiames qui du tems des Antonins fit châtrer tous ceux qui devoient ſervir à la Maiſon de Plautilla ſa fille que Caracalla avoit épouſée, ſans épargner les hommes non plus que les jeunes garçons, comme nous le voyons dans les recueils de Conſtantin Porphyrogenéte ſur Dion.

Pour peu de connoiſſance qu'on ait de l'hiſtoire de la Cour Ottomane, on n'ignore pas que les Eunuques y parviennent aux premiéres dignitez de l'Etar, & qu'il n'y a qu'eux, à proprement parler, qui les poſſédent. Les deux plus illuſtres Bacha qui ayent eu de la réputation pendant les guerres ſi célèbres dans l'hiſtoire, étoient Eunuques ; * l'un a été Halis, & l'au-

* Liv. 17.

l'autre Sinar. Mr. de Thou rapporte un bon mot dit par le premier, il se moqua, dit-il, du Courier qui lui annonçoit comme une fort mauvaise nouvelle, la prise de la Ville de Strigonie par les Chrétiens l'an 1556, lui disant qu'il avoit bien fait une autre perte lors qu'on lui avoit enlevé la plus importante piéce qu'il eut. Et Paul Jove nous apprend que ce fut une truye qui Châtra Sinar en lui arrachant & devorant le membre viril, comme il dormoit à l'ombre, dès sa plus tendre jeunesse.

Tout ce que je viens de dire ne concerne le rang que les Eunuques ont tenu dans la société civile que par rapport aux Princes & aux Souverains; il est bon de voir aussi telle idée les Peuples en ont euë & quel cas ils en ont fait.

CHAPITRE IX.

Quelle idée les Peuples ont euë des Eunuques, & quel cas ils en ont fait.

LEs Eunuques ayans abusé de la faveur des Princes, comme on l'a vû dans le chapitre précédent, & s'étans rendus les Tyrans impitoyables de leurs sujets, il ne faut pas douter que ces sujets ne les ayent eus en horreur, & qu'ils ne les ayent craint

craint beaucoup plus qu'ils ne les ont aimez.

Mais il ne s'agit point ici de fçavoir ce
que les Peuples ont penſé de leur ſervitude
& de leur oppreſſion, & du crédit de ces
Eunuques qui les tyranniſoient ; Il n'eſt ici
queſtion que d'éxaminer quelle opinion les
Peuples avoient d'un Eunuque entant
qu'Eunuque, & non point d'un Eunuque
entant que Tyran ; & quelle idée ils s'en
faiſoient.

L'hiſtoire nous apprend non ſeulement
qu'ils les mépriſoient ſouverainement, mais
même qu'ils avoient de la répugnance à
les voir.

* Les Eunuques ne ſont que des troncs
deſſéchez, ſelon l'expreſſion d'Eſaïe, de
ces arbres ſecs qui le ſont juſqu'à la racine,
& qui comme paſle Oſée, ne porteront
plus de fruits ; de ces arbres qu'il faut couper, c'eſt à dire détruire, & en abolir
la mémoire : car pourquoi faut-il encore
qu'ils occupent la terre ? Il n'y a perſonne
qui ne voulût donner le premier coup pour
les renverſer ou pour les arracher ; ce ſont
des Créatures imparfaites, en un mot des
monſtres auxquels la nature n'avoit rien
épargné, mais que l'avarice, la luxure,
le luxe, ou la malignité des hommes ont
défigurées.

S'ils ont été quelquefois dans la proſ-
périté & dans l'élévation, les Peuples ont
regardé ces avantages comme des productions

* Eſaïe ch. 56. v. 3. Oſée ch. 9. v. 16. Luc ch. 13. v. 7.

tions erronées de l'esprit gâté & du cœur
corrompu des Princes qui les ont élévez &
chéris; Ils s'en sont même moquez entr'eux,
& lors qu'ils ont osé le faire en public, ils
ont fait éclater leur haine & leur mépris
& pour les Eunuques & pour le choix qu'on
en faisoit.

Omnia ceſſerunt Eunucho Conſule monſtra
Heu terræ cœlique pudor. Trabeata per urbes
Oſtentatur anus, titulumque effeminat anni.

――――――― *Quibus unquam ſæcula terris*
Eunuchi videre forum.

――――――― *Numquam ſpado conſul in orbe*
Nec Judex, Ductorve fuit. Quodcunque virorum
Eſt decus, Eunuchi ſcelus eſt.

――――――― *A fronte recedant*
Imperii, tenero tractari pectore neſcit
Publica Maieſtas, nunquam vel in æquore puppim
Vidimus Eunuchi clavo parere Magiſtri.
Nos adeò ſperni faciles ? orbiſque carina
Vilior ?

　　Tout le monde ſçait que Caligula fit
ſon Cheval Conſul, & qu'il voulut qu'on
lui rendît tous les honneurs qui ſont dûs à
cette dignité. Il prit envie de même à
Arcadius de faire Flaac Eutrope qui
étoit le Maître de ſa garderobe & l'un de
ſes Eunuques, de le faire, dis-je, Conſul,
& ç'a été le premier, ou plûtôt le ſeul de
cette

*Claud. in Eutrop. lib. 1.

cette qualité qui ait été pourvû de cet Emploi ; aussi voit-on dans Claudien comment on s'irrita alors de cette conduite. Ce Poëte fit une Satyre piquante contre cet Eutrope après qu'il fut désigné Consul de Rome, & il le représente comme une vieille qu'on avoit revêtuë des honneurs du Consulat. * Ceux qui ont quelque teinture de l'Histoire Ecclésiastique sçavent comment Jean Evêque de Constantinople a déclamé contre cet Eutrope , & combien il a contribué à sa perte *.   Il eut une fin digne de lui & des actions inhumaines qu'il avoit commises. Cet Eunuque ayant dessein de châtier quelques personnes qui s'étoient réfugées dans les Eglises , il fit ensorte que l'Empereur publia une Loi par laquelle il étoit deffendu de s'y réfugier, & permis d'en tirer ceux qui s'y réfugieroient. Quelle injustice de violer ainsi le droit des Aziles ! Mais il en fut puni bien-tôt après ; car à peine la Loi fut-elle publiée qu'il encourut les mauvaises graces de l'Empereur, & qu'il fut obligé de rechercher le même azile que les autres.   Comme il étoit caché sous l'Autel & qu'il y trembloit de peur, Jean monta au pupitre d'où il avoit accoûtumé de prêcher pour être plus aisément entendu, & fit une invective contre lui. L'Histoire ajoûte que l'Empereur lui fit couper la tête, qu'il fit ôter son nom d'entre les noms des Consuls, & qu'il fit effacer des Regîtres la loi qu'il avoit fait publier. Le chagrin qu'eurent les honnêtes gens de le voir dans

ce

* Socrate Hist. Ecclef. liv. 6. ch. 5.

ce poste fut cause de sa ruine. En effet, Gainas Goth, Général de l'Empereur, se révolta de dépit de voir cet Eunuque dans l'éclat de cette haute dignité, & ne voulut jamais se remettre dans son devoir qu'on ne lui apportât la tête d'Eutrope. On comparoît Eutrope à Gorgon, parce qu'il faisoit ses tours si adroitement que peu de gens s'appercevoient de ses ruses; on le regardoit comme une de ces pestes qui régnoient alors dans les Cours des Princes. Il vendoit les Charges de la Magistrature & les Jugemens; Il disposoit du Gouvernement des Provinces en faveur de qui il vouloit; * & non content d'avoir été fait Consul, il tâchoit de se rendre Maître de l'Empire. Il étoit insolent même envers son Prince, & il tomba dans sa disgrace pour avoir manqué de respect envers l'Impératrice

Les Peuples n'avoient pas du mépris seulement pour ces sortes de gens, ils avoient aussi de l'aversion pour eux; & si leur nom a passé pour un titre de Dignité, il a été aussi une injure, & on ne pouvoit en faire une plus sensible à un honnête homme que de l'appeller *Eunuque*. † Les Eunuques ont été de si mauvais augure, même parmi les Payens, que Lucien assure en plus d'un lieu qu'ils faisoient par leur rencontre, rebrousser chemin à beaucoup de personnes, qui aimoient mieux rentrer chez elles que de passer outre. § Cela se rapporte assez à ce que dit Pline de l'aversion que les animaux mê-

---

* Sozomene liv. 8. ch. 7.   † In pseud. & in Eunuch: § Liv. 3. ch. dernier.

mêmes ont pour ceux de leur espéce qu'on a mutilez. Il remarque que si on châtre un rat, il fait fuir tous les autres qui aiment mieux abandonner leur séjour ordinaire que de le souffrir parmi eux. Ce n'étoit pas pourtant pour cette raison que Diocles vouloit exclurre Bagoas de la chaire de Philosophie. Lucien en allégue d'autres tout à fait différentes, plus graves & plus vraisemblables.

CHAPITRE X.

De quelle maniére les Loix civiles ont considéré les Eunuques, & quels droits elles leur ont attribué.

L'Empereur Domitien deffendit au commencement de son Régne à toutes sortes de personnes, tant dans l'Empire Romain, que dans ses limites, d'avoir la hardiesse d'entreprendre de châtrer les petits enfans;

> * Lusus erat sacræ connubia fallere tædæ
>   Lusus & immeritos ex ecuisse mares.
> * Utraque tu prohibes, Cæsar populisque futuris
>   Succurris, nasci quos sine fraude jubes.

Nec

* Martial. liv. 6. Epigram. 2.

*Nec spado jam, nec mœchus erit te præside quif-
    quam
    At prius ô mores! & spado mœchus erat.*

Cette Ordonnance paffa pour un avantage très grand, & pour une action digne
d'un Prince fage & généreux; * Martial
l'en félicite par cette belle Epigramme,

*Tibi fumme Rheni Domitor & parens orbis
Pudice Princeps, grátias agunt urbes;
Populos habebunt, parere jam fcelus non eft.
Non puer avari fectus arte Mangonis,
Virilitatis damna mœret ereptæ.*

Cependant il eft certain que fon motif ne
fut nullement louable, car il ne fit cette
deffenfe, comme le remarque Xiphilin
dans fa Vie, & Dion Caffius, qu'en hâine
de Tite fon frére qui aimoit les Eunuques.
† Suetone ne rapporte pas cette particularité, mais elle n'en eft pas moins certaine.
Cette Loi & cette Ordonnance, n'eft pas
mife dans le Code au titre des Eunuques,
fous le nom de Domitien, ni fous celui de
Nerva, qui fit depuis la même deffenfe,
mais fous les noms de Conftantin & de
Leon §; cependant, Suetone ne permet pas
de douter qu'elle ne foit de lui. L'illuftre
& le célébre Monfieur de Leibnitz à qui
j'ai propofé cette difficulté par maniére de
converfation, m'a donné cet éclaircisse-
ment, que la Loi dont il s'agit ici étoit
                                                    mife

---

* Liv. 9. Epigram. 7.   † Sueton. invit. Domitian
ch. 7. art. 4.   § Tit. 8. liv. 48. ff.

mife fous les noms de ces deux derniers
Empereurs, parce qu'ils l'ont renouvellée,
& qu'on ne fçavoit alors que par le moyen
de l'Hiſtoire, que Domitien & Nerva en
fuſſent les premiers Auteurs, à peu près
comme il eſt de ces Loix fomptuaires, des
Ordonnances contre les Duels, & de divers Réglemens de cette nature qui paſſent
pour être les Ouvrages des Princes modernes qui les publient, quoi qu'on fçache par
le moyen de l'Hiſtoire, que d'autres Princes les ont donnez à leurs Peuples pluſieurs
ſiécles auparavant.

L'Empereur Adrien enchérit fur cette
belle conſtitution, par un meilleur motif,
& deffendit non feulément qu'on fit Eunuques par force ceux qui ne le fouhaitoient
pas, mais il deffendit même de faire Eunuques ceux qui le fouhaitoient. Il y a trois
Loix conſécutives fur ce fujet dans le titre,
ad legem corneliam de ficariis & veneficis. Voici les termes de la premiére. *Conſtitutum
quidem eſt ne ſpadones fierent, eos autem qui
hoc crimine arguerentur corneliæ legis pœna tene-
ri, eorumque bona meritò fiſco meo vindicari debere ; fed & in ſervos qui ſpadones fecerint ulti-
mo ſupplicio animadverſendum eſſe. Et qui hoc
crimine tenentur, ſi non adfuerint, de abſenti-
bus quoque tanquàm lege Cornelia teneantur,
pronuntiandum eſſe. Planè ſi ipſi qui hanc inju-
riam paſſi funt, proclamaverint, audire eo: Præ-
ſes Provinciæ debet, qui virilitatem amiſerunt,
Nemo enim liberum ſervumve invitum, finem-
temve caſtrare debet ; Neque quis ſe ſponte ca-*

D
ſtrandum

strandum præbere debet. Ac si quis adversus
Edictum meum fecerit Medico quidem qui exci-
derit capitale erit, item ipsi qui se sponte exci-
dendum præbuit. Voici les termes de la seconde de ces Loix, *Hi quoque qui Thlibias faciunt,*
ex constitutione D. Hadriani ad Ninium hastam,
in eadem causa sunt qua hi qui castrant. Et voici enfin les termes de la troisiéme, *Is qui*
servum castrandum tradiderit pro parte dimidia
bonorum mulctatur ex Senatus consulto quod Ne-
ratio Prisco & Annio Vero Consulibus factum
est. Tout cela montre que l'Eunuchisation
étoit regardée comme une chose honteuse,
odieuse, & préjudiciable à la société aussi
bien qu'à la personne sur laquelle elle étoit
pratiquée. * *Qui hominem, libidinis vel pro-*
mercii causa castraverit, Senatus Consulto pœna
legis Corneliæ punitur. † *Et si puerum quis ca-*
straverit & pretiosiorem fecerit Vivianus scribit
cessare Aquiliam, sed injuriarum erit agendum,
aut ex Edicto Ædilium, aut in quadruplum.
Ce mot *pretiosior* est obscur, comment un
homme mutilé, dégradé, pour le dire ainsi, de sa qualité d'homme, pouvoit-il être
devenu plus prétieux ? Voici le sens de ce
mot, c'est que comme les Eunuques étoient
aimez & carressez par les Princes, qu'ils
étoient élevez aux premiéres Dignitez de
leur Etat, leur condition en étoit devenuë
par là, au moins à cet égard, beaucoup
plus considérable, c'est ce qui paroît par la
Loi 4. au Code *de præpositis sacri cubiculi.*
Mais l'Empereur Justinien qui est venu depuis & qui a bien considéré les maux qui
naiſ-

---

* l. 3. §. 4. tit. Eod.   † liv. 26. §. 28. tit. 2. l. 9
ad legem Aquiliam.

naiſſoient de cette coûtume , ſoit aux
particuliers , ſoit au public, a réïteré les
mêmes deffenſes, dans ſon Code * où il décide que, *tanquam homicida punitur ille qui
caſtrat aliquem* , & dans deux chapitres de
ſes Nouvelles †, à la tête deſquelles il a mis
une belle Préface qui en contient les motifs ; Il traite cette action d'impie, de lâche, de honteuſe, de deshonnête, & de
criminelle, & il dit qu'on a commis cette
eſpéce de crime ſur une grande multitude
de gens, que peu en ont échappé ſains &
ſaufs, qu'à peine en a-t-on pû ſauver trois
de quatrevingt & dix qui ſont venus à ſa
connoiſſance ; Il conſidére ces Eunuchiſa-
tions comme des meurtres, comme des actions contraires à l'intention de Dieu, &
de la nature, & à l'intention de ſes propres
Loix. Il eſt deffendu ſous de griéves peines
dans ce titre du Code dont je viens de parler, de vendre ou d'acheter les Romains
qui ont été faits Eunuques, ſoit dans l'Empire Romain , ou dans les Païs étrangers.
Il y eſt auſſi deffendu, ſous peine de la vie,
de faire des Eunuques dans l'Empire Romain : celui qui auroit donné ſon eſclave
pour en faire un Eunuque en étoit pour la
confiſcation de la moitié de ſes biens.
§ L'Empereur Leon s'eſt encore déclaré
depuis en termes bien plus forts. *Virtutis*,
dit-il , *ad procreandum à Deo naturæ inditæ
exectio —: minore cum audacia identidem committitur quàm ſi apud Deum nulli pœnæ obnoxia*

D 2 *eſſet*,

---

* liv. 4. tit. 42. l. 1.   † Authent. coll. 9. tit. 24.
Nouv. 142. § Leo. Conſtitut. 60.

esset, càm tamen vel maxime sit ; Et quanquam veteribus Legislatoribus curæ fuerit, ut id malum ultrice lege excideretur, quo respublica ab istiusmodi invento munda esset ; haud scio tamen, cum si qui alii, huic certe præscripto obtemperari atque à naturæ mutilatione abstineri æquum sit, quamobrem non ita faciant homines, sed tanquam utilitatem quamdam istiusmodi adversus Generandi vim, insidias reputantes, membra quæ homini nascendi causam suppeditant, lancinent, & creaturam aliam quam qualis, conditoris sapientiæ placuerit in mundum introducere contendant. Hoc igitur càm inultum relinquendum non putemus, lege in id pœnam constituentes, quibus adeò divinam creaturam deformare religio non est, eorum audaciam, auxiliante Deo reprimere conemur. Il appelle ceux qui font des Eunuques, *Naturæ insidiatores, detestandæ hujus artis artifices* ; il les condamne & il finit cette excellente constitution par ces belles paroles, *si in albo Imperatorii famulatus sit, artifex detestandæ hujus artis primùm albo eximatur.* Un homme qui faisoit un Eunuque étoit considéré comme un Notaire ou un Tabellion qui faisoit un acte faux ; le lieu où l'action avoit été commise étoit considéré comme un lieu où on avoit commis un crime de leze Majesté. Mornac qui a fait un excellent Commentaire sur le titre du Code qui traite *de Eunuchis,* dit avoir vû dans un Historien de France, qu'un soldat fut puni po r avoir ôté à un Moine ce qu'il croyoit lui être inutile, *chose inouïe,* dit cet Historien, *quod inaudita apud nos fuerat.* Messire Claude de

Fer-

Ferriere qui a fait aussi une espéce de Commentaire sur le même titre , rapporte la même Histoire ; mais il y ajoûte ses réfléxions , & quoi que bon Catholique il dit, *qu'il y a des gens qui disent , qu'il seroit à souhaiter que solos Eunuchos haberet Ecclesia Ministros, pour empêcher les desordres que nous ne voyons que trop souvent, sans ceux qui nous sont inconnus.* Il est vrai, ajoûte-il, *qu'il y en a plusieurs qui pourroient y avoir intérêt ; cependant , je crois qu'il vaut mieux laisser les choses comme elles sont , & ne pas faire du mal à ceux qui ne veulent que le bien de leurs prochains.* Quoi qu'il en soit , il paroît que les Loix ont regardé l'action de faire des Eunuques comme abominable , & l'Eunuque lui-même comme un monstre, aussi ne leur ont-elles jamais accordé les droits & les priviléges qu'elles accordent aux autres hommes. * Par éxemple il ne leur a point été permis de tester. J'avouë que l'Empereur Constance qui leur en avoit accordé la faculté parce qu'il faisoit tout ce qu'ils vouloient , a donné une Loi qui porte que, *Eunuchis liceat facere Testamentum , componere postremas exemplo omnium volontates , conscribere codicillos , salvâ testamentorum observantiâ ;* Mais tous les Jurisconsultes estiment que cette liberté ne concerne que les Eunuques qui étoient près de sa Personne , ou près de celle de l'Impératrice. Il est certain que dans quelque degré de faveur que les Eunuques fussent, ils n'ont jamais été considérez que comme des Esclaves. Ils ont toû-

D 3
jours

* Vid. qui testament. facere poss. l. 5.

jours été le jouet des Princes, qui ont même abusé quelquefois de leur servitude ; on
peut dire qu'il a été d'eux à cet égard, comme de ces Génuches qui sont carressées dans
les cabinets des Grands & vêtuës de toile
d'or. Or il est certain que ce n'a été qu'à
ces Eunuques privilégiez qu'il a été permis
de faire Testament. L'Empereur Leon en
rend la raison dans sa Nouvelle trente-hui-
tiéme, mais bien plus particuliérement
dans la Loi *Jubemus*, qui est la quatriéme
au Code *de præpositis sacri Cubiculi, & de omnibus cubicularis & privilegis eorum.* Le titre seul, pour le dire en passant, fait voir
qu'il s'y agit des Eunuques, mais il le dit
expressément comme on va le voir ; *Nam
cùm hoc privilegium,* dit-il, *videatur princi-
palis esse proprium Majestatis ut non famulorum
sicut privatæ conditionis homines sed liberorum
honestis utatur obsequis, periniquum est eos dun-
taxat pati fortunæ deterioris incommoda ; sed
testamenta quidem ad similitudinem aliorum qui
ingenuitatis insulis decorantur pro suâ liceat eis
condere voluntate.* Il y ajoûte néanmoins
une réfléxion qui les distingue des hommes
libres ; * *Intestatorum verò nemo dubitet facul-
tates, ut pote sine legitimis successoribus defun-
ctorum fisci juribus vindicari ;* Et ce qui fait
voir clairement qu'il s'agit du droit des Eunuques, c'est qu'il dit dans cette même Loi
que, *hæc omnia tunc diligenti observatione vo-
lumus custodiri cùm sponte suaque voluntate quis
dederit Eunuchum sacri Cubiculi Ministeriis ad-
hæ-*

* l. 6. ff. de liberis & posthum. hæred. instituendis
vel exhæredandis.

hæsurum. Voila donc les Eunuques mis
sur le pied des Esclaves; on en excepte les
Gardes du Prince, mais cette exception ne
fait que confirmer la régle, *Exceptio in non
exceptis firmat regulam.* En général donc il
est certain qu'ils ne peuvent instituer des
héritiers, ni être eux-mêmes héritiers in-
stituez. Dès qu'ils sont morts leurs biens
sont vacans & dévolus au Fisc. Ils sont
même considérez comme gens infames,
indignes des Priviléges accordez par les
Loix, témoin cette belle déclaration du
Jurisconsulte Paulus, * *Quamvis nulla persona
excipiatur, tamen intelligendum est de his legem
sentire qui liberos tolere possunt; Itaque si Ca-
stratum libertum Jurejurando quis adegerit,
dicendum est non puniri patronum hâc lege.* Ils
ne peuvent point adopter, la Loi est précise contr'eux sur ce sujet, † *sed & illud utri-
usque adoptionis commune est, quod & ii, qui
generare non possunt, (quales sunt spadones)
adoptare possunt, Castrati autem non possunt.* J'a-
voüe que l'Empereur Leon les a, pour ainsi dire, réhabilitez par la Nouvelle vingt-fi-
xiéme, dans laquelle il les autorise à adopter; la raison qu'il en rend est assez plausi-
ble, *quemadmodum*, dit-il, *cui vocis usus
ademptus est, quæ linguæ munia sunt per manum adimplere, & qui sermonem labiis fonde-
re nequit per scripturam ad ordinandas res suas
procedere, non prohibetur. Ita neque qui quod
genitalibus privati sunt liberos non habent, ho-
rum indigentiam alio modo compensare vetandum*

D 4 *est;*

* l. 6. ff. de Jure patronatus. † §. sed & illud. In
institut. lib. 1. tit. 11. de Adoph

eſt;cependant on peut dire qu'elle n'eſt point juſte, car c'eſt un principe de Droit auſſi bien que de Philoſophie & de bon ſens, que, *adoptio naturam Imitatur*, de là vient que *pro monſtro eſt ut major ſit filius quàm pater*; * Et qu'on preſcrit l'âge dans lequel on peut adopter, toûjours en ſorte que les proportions d'âge ſoient gardées. Comment donc ſeroit-ce imiter la nature que de permettre à un homme, qui non ſeulement n'a jamais pû en produire d'autres, mais qui n'a pas eu la capacité & les choſes naturelles requiſes pour en produire d'autres, d'en adopter quelques-uns ? Il faut obſerver d'ailleurs que l'adoption n'étoit permiſe originairement qu'aux perſonnes qui avoient eu des enfans, & qui les avoient perdus, pour les conſoler de leur mort. On a étendu depuis cette faculté juſqu'à ceux qui n'avoient aucun empêchement maniſeſte d'avoir des enfans, mais qui par l'événement n'en avoient point eu; les femmes mêmes ne pouvoient point adopter, parce qu'elles ſont incapables de l'effet principal de l'adoption qui eſt la puiſſance paternelle, cependant elles peuvent adopter † *ex Indulgentia principis, ad ſolatium liberorum amiſſorum.* Mais ce ſeroit abuſer de l'adoption que de l'accorder à des gens qui n'ont point eu, & qui n'ont pû avoir des enfans; ce ne ſeroit plus imiter la nature, ce ſeroit la ſurpaſſer, ou plûtôt ce ſeroit lui inſulter, & donner des enfans à des gens auxquels elle

---

* Ibid. ſſ. 4. † d. ſſ. fœminæ Inſtitut de adopt.

elle a ôté le moyen d'en produire. * Les
Jurisconsultes ont eu tant d'égard à ces considérations qu'ils n'ont pas même voulu permettre qu'un de ces Eunuques auxquels il
étoit permis de tester instituâr un posthume
pour son héritier, voici comment en parle
Ulpien dans la Loi *sed est quæsitum* §. 1.
*sed si Castratus sit, Julianus Proculi opinionem
secutus non putat posthumum hæreden posse instituere, quo jure utimur.* J'avouë que je me
suis étonné que Schneidevin, si savant &
si judicieux ait soûtenu, qu'un Eunuque
pouvoit être tuteur. Il est vrai qu'il semble qu'il n'entende parler que de ces gens
impuissans qui n'ont qu'une partie de ce
que la nature donne aux autres, & sa comparaison donne lieu de le croire; ,, Comme on ne peut point, dit-il †, refuser une
,, me on ne peut point, dit-il †, refuser une
,, Tutelle sous prétexte qu'on n'a qu'un œil,
,, ou qu'on est ce que les Jurisconsultes appellent *Morbosus*, un homme qu'il appel-
,, pellent *Morbosus*, un homme qu'il appel-
,, le *spado* ne peut pas prétendre non plus
,, d'être éxempt d'une Tutelle dont il doit
,, être chargé ; Et il confirme son opinion
par le §. *spadonem* 2. de la 6. ff. *de Ædilitio
Edicto & redhibitione, & quanti minoris,* qui
contient ces termes, § *spadonem morbosum
non esse, neque vitiosum Verius mihi videtur,
sed sanum esse, sicuti illum qui unum testiculum
habet, qui etiam generare potest.* Ce qui me
persuade qu'il ne s'agit point là d'un Eunu-

D 5

que

---

que proprement ainſi nommé, c'eſt que ce
même titre diſtingue entre ce qu'il appelle
* *morboſus & vitiatus*, & qu'il diſtingue ce
qu'il appelle *vitium ſimplex*, *de vitio corporis
penetrante uſque ad animum.* † Il nomme particuliérement ceux *qui præter modum. timidi,
cupidi*, *avarique ſunt aut iracundi*; Comment eſt-ce qu'un homme lâche & timide
comme l'eſt un Eunuque, peut ſervir d'appui & de ſecours à un mineur qu'il auroit
ſous ſa Tutelle, peut-être que ce pupile
ſeroit plus hardi, plus entendu & plus vigoureux que lui. § Quoi qu'il en ſoit cela
me paroît contraire à l'ordre & à l'équité,
j'ajoûte même à l'intention du Droit, car
*Tutelam adminiſtrare virile munus eſt, & ul-
trà ſexum fœmineæ infirmitatis tale officium eſt.*
J'avouë que je me ſuis étonné quelquefois
que les Loix les ayent admis à s'enrôler,
* *Qui cum uno teſticulo natus eſt, quive amiſit,
jure militabit, ſecundum Divi Trajani reſcrip-
tum*; La raiſon de cette Loi me la rend
d'autant plus ſurprenante, *Nam & Duces
Sylla*, ajoûte-t-elle, *& Cotta memorantur eo
habitu fuiſſe natæ*. Eſt-ce que parce qu'il
y a eu deux grands hommes parmi les Eunuques, par une exception très particuliére à
la régle, il y a lieu de ſtatuer que tous les
autres ſont capables de porter les armes?
Comme le combat conjugal eſt différent de
ceux qui ſe donnent à la guerre, les armes
le ſont auſſi; Et comme les Eunuques ne
les

* L. 1. §. 11. † L. 20. §. 7. ff. qui Teſtamenta facere poſſunt. § L. 1. cod. quand Mulier. Tutor. off.
fung. pot. * L. 4. liv. 49. tit. 16. de Re militati.

les ont point, ils ne peuvent point entrer aussi dans cette agréable milice ; C'eſt la déciſion de Plaute dans cette ingénieuſe alluſion, * ſi amandum eſt, amare oportet teſtibus
præſentibus. Enfin, les Eunuques ne pouvoient paroître de leur chef dans aucun acte ſolemnel ; † ad ſolemnia adhiberi non poteſt,
cùm juris Civilis communionem non habeat in to-
tum, ne Prætoris quidem Edicti. Il ne faut
avoir qu'une teinture fort legére du Droit
pour ſçavoir que l'état des perſonnes conſiſte en trois choſes, qui ſont, la liberté, la
bourgeoiſie, & la famille, & que lors que
quelqu'un eſt déchû de l'une de ces trois
choſes, il ſouffre un changement notable
dans ſon état ; ſuivant cela qu'eſt-ce qu'un
Eunuque ? Et quelles faveurs les Loix
ont-elles pû lui faire ? Quintilien nous donne une idée fort juſte de la nature d'un Eunuque & du droit qui lui convient §. Pour
moi, dit-il, quand je conſidére la nature,
il n'eſt point d'homme qui ne paroiſſe plus
beau qu'un Eunuque, & je ne crois point
que la Providence puiſſe ſe dégoûter jamais aſſez de ſes ouvrages pour ſouffrir que
la débilité paſſe pour une perfection, &
que l'infirmité ait un rang parmi les bonnes choſes. Je ne puis m'imaginer que le
fer puiſſe rendre beau ce qui ſeroit un mon-
ſtre s'il naiſſoit en l'état dans lequel la ſection l'a pû réduire. Que l'impoſture d'un
ſéxe artificiel donne tant de plaiſir que l'on
voudra, les mauvaiſes mœurs n'auront ja-

D 6   mais

mais affez d'Empire fur la raifon, pour faire paffer pour bon ce qu'elle a pû faire paffer pour beau & pour précieux..... Qui
parmi les célébres Sculpteurs, ou parmi
les grands Peintres, quand il tâche de ré-
prefenter les corps les plus parfaits, voudroit en retrancher de telles chofes? Et
prendre pour leurs modelles ou un Bagoas,
ou quelque Megabize, plûtôt qu'un Doriphoron capable de tous les éxercices de la
guerre, & de tous les jeux? Ou que de
jeunes gens belliqueux? Ou de ces athlétes
dont le corps a été admiré?

Je me fuis affez étendu fur cette matiére
je paffe à une autre; J'ajoûte feulement ici
par forme d'éclairciffement, qu'il faut faire toûjours une grande différence entre les
Eunuques volontaires qu'on a fait tels de
leur gré & de leur confentement, & entre
ceux qu'on a été contraint de faire tels
pour leur fauver la vie, ou par quelqu'autre néceffité femblable; les uns ont toûjours
été odieux & méprifables, mais les autres
ont été à plaindre, & ont été dignes de
fupport & de fecours.

CHA:

CHAPITRE XI.

Quel rang les Eunuques vo-
lontaires ont tenu dans la
société civile ; de quelle
maniére les Loix les y ont
con siderez, & quels droits
elles leur ont attribué.

SI les Eunuques forcez, c'est à dire ceux
qu'on a fait tels dans leur jeunesse, dans
un tems de persécution, ou par l'ordre
d'un Tyran, & ceux qui le sont devenus par
accident, ont toûjours été l'objet du mépris & de la raillerie des hommes, Quelle
indignation n'ont-ils pas dû concevoir contre ces ames lâches & basses, qui par des
vûës d'intérêt & d'ambition, se sont fait
retrancher la partie extérieure de leur corps
la plus noble & la plus utile à la société ?
la Loi les condamne au dernier supplice
comme des homicides d'eux-mêmes. Et
voici comment l'Empereur Adrien parle
contr'eux, * *Ac si qua adversus Edictum meum*
fecerit, Medico quidem, qui exciderit capitale
erit. Item ipsi qui se sponte excidendum præ-
buit. On les regardoit autrefois comme

des

* L. 4. ff. ad leg. Cornel. de siccar.

des infames du premier ordre, on les ban-
niſſoit de la compagnie des hommes , &
on ne ſouffroit pas qu'ils fuſſent inſtituez
héritiers n'étans en cet état ni homme, ni
femme.   Voici un éxemple précis qui
donnera une juſte idée du cas qu'on en a
fait , & des droits qu'on a voulu leur attri-
buer ; c'eſt Valére Maxime qui le fournit *;
,, Que dirai-je , s'écrie-t il , de l'ordon-
,, nance du Conſul M Æmile Lepide ?
,, n'eſt elle pas d'une très grande conſé-
,, quence ? Genutius Prêtre de Cybelle
,, Mére des Dieux , ayant obtenu du pré-
,, teur Cn. Oreſte , qu'il ſeroit remis
,, en la poſſeſſion des biens que lui avoit laiſ-
,, ſez Nevianus , par Teſtament , Sardi-
,, nius dont l'affranchi avoit ainſi favoriſé
,, Genutius en appella devant le Conſul
,, Mamercus , ſoûtenant que Genutius s'é-
,, tant volontairement privé des parties
,, qui le faiſoient homme , ne devoit point
,, être mis au rang ni des hommes , ni des
,, femmes , ce qui fut cauſe que la Senten-
,, ce du Préteur fut caſſée.   L'Arrêt eſt di-
,, gne de Mamercus & d'un Prince du Se-
,, nat , car il empêcha que les ſiéges de nos
,, Juges ne fuſſent ſouillez de la vûë d'une
,, ſi indigne perſonne que Genutius , & que
,, ſous prétexte de demander juſtice , ſa
,, voix efféminée & laſcive n'y fut enten-
,, duë.   Ceci ſuffit ſur cet article , parce
qu'au reſte on peut leur appliquer ce que
j'ai dit dans les chapitres précédens.   Je
dirai ſeulement , qu'il faut encore diſtin-
guer

* Liv. 7. ch. 7. exempl. 6.

guer les Eunuques volontaires entr'eux;
Qu'un Combabus & d'autres semblables,
sont exceptez de cette haine & de cette
condamnation publique si justement dûës
aux autres, ce n'est pas qu'ils soient tout
à fait excusables, mais on peut dire qu'ils
le sont en quelque sorte, parce que de deux
maux ils croyent éviter le pire, Ils imitent
ce Marchand dont parle Juvénal, ou plûtôt
le Castor,

——————— *Imitatus Castora qui se* *
Eunuchum ipse facit, cupiens evadere damno
Testiculorum.

Ce Poëte étoit apparemment du sentiment
des vieux naturalistes qui ont crû & qui
croyent encore que le Castor coupe ses parties viriles afin de se délivrer des mains des
chasseurs, parce qu'il croit qu'on ne le
poursuit que pour les avoir; Mr. le Baron
de la Hontan nous a bien détrompez de cette vieille erreur, voici ce qu'il dit sur ce
sujet.

‚† Au reste, n'en déplaise aux décou-
„vreurs de la nature, aux chercheurs de
„merveilles & de secrets sur les terres de
„cette Divine ouvriére, il n'est point vrai
„que les Castors se mutilent & se fassent
„Eunuques pour échapper à la trop pres-
„sante poursuite des Chasseurs; Non, ces
„mâ-

---

* Juven. Satyr. 11. Aristote lib. 7. cap. 5. Histor. A-
nimal. Æsop. in Apol. Ælian. lib. 6. cap. 33. Plin. lib.
37. cap. 6.   † Voyages de la Hontan dans l'Amérique
Septentrionale tom. 1. lett. 16. pag. 181. &c.

„ mâles eftiment plus leur féxe , & font
„ plus de cas que cela de la propagation de
„ leur rare efpéce. Je ne puis même con-
„ cevoir fur quel fondement on a bâti une
„ fi grande chimére. Prémiérement , la
„ matiére qu'il a plû à la fecte d'Hypocra-
„ te de nommer *Caftoreum* n'eft pas renfer-
„ mée dans ces précieufes & multiplian-
„ tes parties ; Elle eft dans un réceptacle,
„ un véhicule , ou une maniére de poche
' qui eft finguliére à la machine organique
„ de ces animaux , & que la nature femble
„ n'avoir formée que pour eux ; l'ufage que
„ le Caftor fait de cette matiére , c'eft de
„ s'en nettoyer & dégager les dents lors
„ qu'elles font pleines de la gomme de
„ quelque arbriffeau dans lequel il aura mor-
„ du. . Mais quand j'accorderois que le *Ca-*
„ *ftoreum* eft dans les tefticules , comment
„ cet animal pourroit-il les couper fans fe
„ déchirer tous les nerfs des aînes auxquels
„ ils font attachez près de *l'os pubis* , (trou-
„ vez-moi Officier *Huron* qui parle plus per-
„ tinemment d'Anatomie ,) mais en me
„ mettant fur mes louanges j'ai perdu la
„ conféquence que je voulois tirer de ce dé-
„ chirement de nerfs ; N'importe, je ne
„ démorderai pas pour cela de mon fcien-
„ tifique raifonnement. C'étoit bien à
„ Elian , & à d'autres rêveurs de Natura-
„ litez comme lui , de nous venir parler de
„ la Chaffe des Caftors ? Avoient-ils puifé
„ cette connoiffance dans les méditations
„ du cabinet ? S'ils avoient eu la gloire de
„ vivre comme moi parmi ces Amphibies,
„ ils

„ils auroient ſçû qu'un Caſtor ne s'emba-
„raſſe point du tout d'un Chaſſeur ; vous
„ſçaurez d'abord que cet animal a la précau-
„tion de ne point s'éloigner du bord de l'é-
„tang où ſa cabane eſt conſtruite ; De plus,
„il a toûjours l'oreille au guet , & ſitôt que
„par le moindre bruit , il ſoupçonne qu'on
„lui en veut, il plonge , & nage entre deux
„eaux juſqu'à ce que n'y ayant plus de dan-
„ger , il puiſſe rentrer ſûrement chez ſoi.
„Si cette raiſon ne vous ſemble pas de poids
„pour les Caſtors terriens , je vous renvoye
„à *l'os pubis*. Autre argument péremptoire.
„Si le Caſtor , pour arrêter la pourſui-
„te de l'ennemi, faiſoit la ſanglante opé-
„ration qu'on lui attribuë , la nature lui
„auroit donné en cela un inſtinct fort im-
„parfait ; car quand cet Animal n'auroit
„plus ſon *Caſtoreum* on ne lui feroit pas la
„chaſſe avec moins d'ardeur ; Le *Caſtoreum*
„eſt le butin le moins important , ou plû-
„tôt ce n'eſt rien en comparaiſon de la
„peau ; Celle-ci eſt la proye dominante &
„la maîtreſſe piéce de la bête; Ainſi ce pau-
„vre Caſtor , pour ſe ſauver de l'avarice du
„Chaſſeur , devroit tout au moins s'écor-
„cher tout vif, & lui jetter ſa peau ; en-
„core ne ſçai-je après cela ſi cette barbare
„& inſatiable figure nommée *homme* ne
„voudroit pas la chair & les os de cet inno-
„cent animal. . . . . * Sa fourure eſt bizare ,
„& bien différente d'elle-même ; Elle eſt
„formée de deux ſortes de poils oppoſez.
„L'un eſt long , noirâtre , luiſant , & gros.
„COM-

,, comme du crin ; l'autre délié, uni, long
,, de quinze lignes pendant l'hyver, en un
,, mot, le plus fin duvet qui soit au monde;
,, Il n'est pas nécessaire de vous avertir que
,, c'est cette seconde espéce de poil que l'on
,, cherche avec tant d'empressement, & que
,, ces animaux méneroient une vie plus sû-
,, re & plus tranquille s'ils n'étoient vétus
,, que de crin. Il fait une histoire & une
description fort curieuses du Castor ; outre que cet illustre Voyageur est un homme sçavant, de bon sens & de bon goût,
très capable de penser, de raisonner, &
de juger juste sur un sujet tel que celui
ci qui ne demande que la vûë & du discernement ; J'ai remarqué en lisant Pline *, qu'un vieux Médecin de son tems
qu'il nomme Sextius, *diligentissimus Medi-
cinæ veteris autor*, étoit à peu près du même sentiment que Mr. le Baron de la Hontan ; Comme j'ai eu l'honneur de voir ce
Baron curieux, à qui le Public a l'obligation d'avoir aquis plusieurs connoissan-
ces rares, & de l'entretenir, c'est avec
connoissance de cause que je parle de lui
avec tant d'éloges ; † J'ai beaucoup de
respect pour les doctes Auteurs des Jour-
naux de Trevoux, & beaucoup de reconnoissance du fruit que je tire de leurs veil-
les & de leurs travaux, mais ils me par-
donneront, s'il leur plaît, si je n'entre
point dans les sentimens qu'ils ont si peu
fa-

---

* Lib. 32. cap. 3.   † Voyez Mémoires pour l'histoire des Sciences & des beaux Arts, mois de Mai 1704.
article 10. page 301. &c. tom. 7.

favorables à ce Voyageur digne , à mon avis , d'une meilleure réputation que celle qu'ils tâchent de lui établir dans le monde.

CHAPITRE XII.

Quel rang les Eunuques volontaires & forcez , ont tenu dans la Société Ecclésiastique ; de quelle maniére l'Eglise & ses Canons les ont considérez , & quels droits ils leur ont attribuez.

Dieu a eu de tout tems en abomination toutes sortes d'animaux mutilez. * *Vous n'offrirez point au Seigneur , dit-il, tout animal qui aura ce qui a été destiné à la conservation de son espéce , ou rompu , ou foulé , ou coupé , ou arraché , & gardez-vous absolument de faire cela dans vôtre Païs.* Cette deffense est générale , mais il en a fait une qui concerne l'homme en particulier, † *L'Eunuque, dit-il , dans lequel ce que Dieu a destiné à la conservation de l'espéce , aura été ou retranché, ou blessé d'une blessure incurable, n'entrera point en l'Eglise du Seigneur.*

Quel-

* Levitiq. ch. 22, v. 24.　† Deuteron. ch. v. 1.

Quelques Interprétes de l'Ecriture Sainte croyent, que par le mot *Eglise* qui est employé dans ce dernier passage, il faut entendre l'Assemblée du Peuple Juif, & que Dieu deffend ici, que ceux que *les hommes avoient faits Eunuques*, comme parle Jésus Christ, fussent admis dans les Assemblées & dans les Charges publiques. Je ne rapporterai point ici les divers sens spirituels que Théodoret, Clément Aléxandrin, & divers autres Péres de l'Eglise, ont donné à ce passage; on y verroit pourtant qu'une certaine sorte de stérilité, & l'impuissance, sont des choses indignes, & qui éloignent de Dieu; mais ces explications m'éloigneroient trop de mon sujet. Je dirai donc seulement, que par ce mot *Eglise*, dont les Eunuques sont exclûs, il faut entendre, non seulement l'Assemblée des Juifs & leur Magistrature, mais même tous leurs Priviléges; L'Eunuque ne peut jouïr d'aucun de leurs avantages, il ne peut jamais être censé faire partie du Peuple Saint, ni être Israëlite, ni fils d'Abraham; ni jouïr des Priviléges de la Nation Sainte, comme d'espérer qu'on lui prêtera de l'argent à intérêt, qu'il aura part au bénéfice du Jubilé, c'est à dire qu'il jouïra des Priviléges de l'année septiéme de rémission; Les Eunuques sont bannis en un mot de la Société politique des Juifs, *ut non habeantur Cives, nec habeant jus civicum apud Judæos.* C'est en ce sens que ce mot *Eglise* est pris

au

---

* Matth. ch. 19. v. 12.

au ℣. 4. du chapitre 20. des Nombres ;
& au ℣. 2. du chapitre 20. du Livre de
Judith. Voila une terrible malédiction,
la Loi de Dieu eſt bien plus ſévére contre les Eunuques , que les Loix Politi-
ques & Civiles que j'ai rapportées. Il
ſemble preſque que cette Juriſprudence
ait changé ſous la Nouvelle Alliance ; En
effet , bien loin d'éloigner les Eunuques
de l'Egliſe , ſi on en croyoit Origéne ,
ou les Valéſiens , il faudroit être Eunuque pour aquérir le Ciel ; mais j'ai fait
voir dans un des chapitres précédens , que
les paroles de Jéſus Chriſt ſur leſquelles
ils avoient fondé leur opinion , n'ont rien
innové à cet égard , qu'ils l'ont eux-mêmes reconnu depuis , & je vai faire voir
poſitivement, que la Juriſprudence de l'E-
gliſe Chrétienne condamne les Eunuques
volontaires & quelques-uns des autres.
Cette Juriſprudence eſt établie par le
droit Canon * ; *Corpore verò Vitia:i*, y eſt-il
dit, *ſimiliter a ſacris officiis prohibentur* ; Cela eſt un peu général , mais voici quelque
choſe de plus particulier , † *ſi quis pro ægri-*
tudine naturalia a Medicis ſecta habuerit ; ſi-
militer & qui a Barbaris aut qui a Dominis
ſuis caſtrati fuerint , & moribus digni inve-
niuntur hos Canon admittit ad Clerum promo-
veri. Si quis autem ſanus non per diſciplinam
Religionis & abſtinentiæ ſed per abſciſſionem a
Deo plaſmati corporis exiſtimat poſſe à ſe car-
nales concupiſcentias amputari , & ideò ſe ca-
ſtraverit ; non eum admitti decernimus ad ali-

quod

---

* Diſtinct. 35. c. 1. † Ibid c. 10.

quo.l clericatus officium. Quod si jam fuerit ante promotus ad Clerum, prohibitus a suo Ministerio deponatur. La raison de cette différence est rapportée dans le Canon 8. après avoir parlé de ceux qui sont tels lors que, *casu aliquo contigerit dum operi rustico curam impendunt, aut aliquid facientes seipsos non sponte percutiunt*, & les avoir opposez aux Eunuques volontaires, *in illis enim*, dit-il, *voluntas est vindicanda quæ sibi causa fuit ferrum injicere, in istis autem casus veniam meruit*; Il dit la même chose de ceux que les Barbares, la Maladie, un Tyran, ou un Ennemi, ont mutilez, ceux-là sont dignes de compassion & de support.

Cette Jurisprudence est beaucoup plus ancienne que le decret de Gratien dont j'ai tiré les décisions que je viens d'alléguer, elle est établie par le Concile de Nicée qui est le premier œcuménique ; voici le prémier de ses Canons ; ,,Si quelqu'un ,,étant malade a été fait Eunuque par les ,,Médecins, ou s'il a eté coupé par les ,,Barbares, qu'il demeure dans le Cler-,,gé & dans l'érat Ecclésiastique ; Mais si ,,étant sain il s'est retranché lui-même, ,,il faut que s'il est du Corps du Clergé, ,,il s'abstienne des fonctions de son Mi-,,nistére, & qu'à l'avenir on n'admette ,,plus au rang des Ecclésiastiques aucun ,,de ceux qui en auront usé de la sorte ; Et comme il est manifeste que cette ordonnance regarde ceux qui ont agi de cette maniére de propos délibéré, & qui se sont coupez eux-mêmes, cela ne regarde point

point ceux qui auront été faits Eunuques par les Barbares, ou par leurs Maîtres, ils peuvent être reçûs dans le Clergé selon les régles de l'Eglise, pourvû que d'ailleurs ils en soient dignes. Ce Canon du Concile de Nicée est rapporté dans la Vie de Saint Athanase faite par Mr. Herman, & suivi des réfléxions de ce judicieux Auteur. Il ne sera point inutile de les rapporter ici, ne fut-ce que pour épargner la peine de les chercher ailleurs ; „On ne peut pas dire au vrai quelle a été „l'occasion qui a porté les Péres du Con-„cile de Nicée à traiter de cette maniére, „& à user de cette juste sévérité contre „ceux qui se faisoient Eunuques par leurs „propres mains ; Il est certain que cette „mutilation volontaire qui étoit deffen-„duë par les Loix Civiles, & particulié-„rement par celles de l'Empereur Adrien, „ne pouvoit être approuvée par l'autorité „de l'Eglise ; le zele inconsidéré d'Ori-„géne qui s'étoit coupé lui même, en ex-„pliquant d'une maniére trop littérale le „chapitre dixneuviéme de l'Evangile de „Saint Matthieu, avoit été condamné par „Demetrius son Evêque, quoi qu'il admi-„rât en même tems cette action comme un „transport extraordinaire de piété. L'a-„bus de quelques Hérétiques nommez. Va-„lesiens qui retranchoient ainsi toutes les „personnes de leur Secte, avoit déja été „consideré comme un excès aussi contraire „aux sentimens de la véritable Religion „qu'aux régles communes de l'humanité.

„Tou-

„ Toutes ces confidérations font bien voir
„ la juſtice de ce premier Canon de Ni-
„ cée, mais elles ne nous apprennent point
„ quelle en a été l'occaſion. Quelques uns
„ prétendent que ce Canon fut-fait à l'oc-
„ caſion du Prêtre Leonce, depuis élevé
„ par les Arriens à l'Epiſcopat d'Antioche,
„ qui perdit ſon rang pour s'être ainſi muti-
„ lé lui-même ; mais en ce que Theodoret
„ ajoûte que ſon Ordination étoit contre
„ les Loix du Concile de Nicée, il donne
„ quelque lieu de croire que ce Prêtre n'a-
„ voit pas encore commis un ſi grand ex-
„ cès, & que ce ne fut que depuis le
„ tems de cette ſainte Aſſemblée, que le
„ defir de converſer plus librement avec
„ une fille nommée Euſtolie, le porta à
„ armer ſes propres mains contre lui-mê-
„ me, en imitant Origéne. Quoi qu'il en
„ ſoit ceux qui étoient devenus Eunuques,
„ ou par maladie, ou par une violence
„ étrangére, ne ſont point exclus des Di-
„ gnitez de l'Egliſe ; Et c'eſt ainſi que S.
„ Germain, & S. Ignace, ont rempli ſi
„ dignement le Patriarchat de Conſtanti-
„ nople. Mais ceux qu'un faux zele pour
„ la chaſteté, ou quelqu'autre conſidéra-
„ tion, a porté à une action ſi barbare,
„ ſont jugez indignes des fonctions de leur
„ Miniſtére, s'ils ſont déja du nombre
„ des Clercs, ou d'être élevez à la Cléri-
„ cature s'ils ſont encore parmi les Laï-
„ ques ; A l'égard de ceux qui ſe ſont faits
Eunuques par intérêt, par ambition, ou
par quelqu'autre motif, lâche, bas, &
odieux,

ódieux , ce n'eſt pas aſſez de les exclure
des Charges Eccleſiaſtiques , il faut les ré-
puter & les tenir pour ſi infames ; qu'on
les banniſſe de la compagnie des hommes ;
c'eſt ainſi que l'antiquité en a agi , comme je l'ai fait voir dans l'éxemple de Genutius. Je paſſe plus loin encore , car
j'eſtime que non ſeulement ils doivent être
couverts d'opprobre & de honte , mais
même qu'ils doivent être punis comme
d'un crime capital; En effet , le droit les
déclare homicides d'eux-mêmes ; * *ſi quis*
abſciderit ſemet ipſum, id eſt ſi quis computa-
veri ſibi virilia, non ſiet Clericus, quia ſui eſt
homicida, & Dei conditioni inimicus. Si quis
cùm Clericus fuerit abſciderit ſemet ipſum, om-
ninò damnetur , quià ſui homicida eſt. Il eſt
bon d'entendre ce mot *homicida*; car il
n'eſt pas vrai , à parler proprement , que
celui qui ſe fait Eunuque , ſe faſſe mourir ; mais c'eſt parce qu'il ſe met en danger de mourir dans l'opération ; car comme on l'a vû dans un des chapitres précédens , l'Empereur dit , que de quatre-
vingt-&-dix qu'il a vû couper , à peine
en eſt il échappé trois ; Il eſt donc appellé homicide de ſoi-même , *propter homi-*
cidii periculum quod ſequi poterat ſectionem ;
au même ſens qu'il eſt dit dans le chapitre dernier de la diſtinction quatrevingt-
&-ſeptiéme , que quiconque expoſe un enfant en eſt homicide; la raiſon de cela eſt
qu'il ne faut pas conſidérer ce qui arrive ,
mais ce qui pouvoit arriver. *Prætor non*

E

ait cujus cafus nocere poffet , dit la Loi , *ex his Verbis*, a,oûte-t-elle , * *manifeftatur non omne quidquid pofitum eft , fed quidquid fic pofitum eft ut nocere poffit, hoc folum profpicere Prætorem ne poffit nocere, nec fpectamus ut noceat , fed omninò fi nocere poffit Edicto locus fit ; Coërcetur autem qui pofitum habuit, five nocuit id quod pofitum erat , five non nocuit.* J'ajoûte à la difpofition du Droit , qu'outre les cas qui y font exceptez, il y en a un qui mérite d'être confidéré , c'eft lors que le falut de tout le corps éxige qu'on en retranche cette partie[1], car c'eft une maxime du bon fens que *præftat partis quàm totius facere jacturam.* Mais j'ai fait voir que la piété ni la Religion ne pouvoient pas fervir de prétexte à cette infame éxécution ; *Non eft licita ad fervandam aliquam virtutem. V. G. Caftitatem , quia non defunt alia media quibus cum Dei gratia poffit homo & affequi & tueri hanc virtutem.* Au refte, il y a une remarque à faire fur ce fujet qui n'a pas été trouvée indigne des plus habiles Critiques, & des plus célébres Jurifconfultes ; Mornac la rapporte dans fon Commentaire fur la Loi , *fi quis Cod. de Eunuchis.* Voici en quoi elle confifte. Le Canon neuviéme de la diftinction cinquante-cinquiéme contient ces mots, *Eunuchus fi per infidias hominum factus eft, vel fi in perfecutione ei funt amputata virilia, vel fi ita natus eft dignus, fiat Epifcopus ;* ce mot *Epifcopus* a paru là mal placé, on a eu recours, pour s'é-

---

* L. fi verò 5. §. 11. lib. 9. ff. tit. 3. de his qui effuderint, vel dejecerint.

s'éclaircir sur le doute qu'on en a eu au Canon des Apôtres vingt-&-uniéme, & on
y a trouvé dans l'exemplaire Grec le mot
χλιριχός, & non pas celui d'*Episcopus*. Ce
qui avoit donné lieu à ces Savans de douter étoit, dit Mornac, que l'indécence &
la difformité d'un homme sans barbe &
efféminé, desagréable & méprisable dans
le Public, ne permettoit pas de croire
que l'Eglise l'eût élevé sur une de ses premiéres chaires pour y enseigner, y pré-
sider sur tout le reste du Clergé, & pour
le dire ainsi, pour dominer sur lui : Cette réfléxion n'est point inutile ici, car il
paroît que quelque support que l'Eglise
ait eu pour ces malheureux, l'état de leur
personne a toûjours été si vil & si abject,
que quelques dignes qu'elles fussent d'ailleurs, elle n'a jamais voulu les placer dans
les lieux éminens, ni leur conférer des
Dignitez illustres & considérables.

Je finirai ce chapitre & cette premiére Partie de mon Ouvrage tout ensemble, par quelques remarques qui ne se-
ront point inutiles à mon sujet. Je dirai d'abord que je n'ai point prétendu
faire une Histoire naturelle des Eunuques,
ni une Histoire éxacte du sort qu'ils ont
eu dans tous les siécles, & dans tous les
Païs : les mœurs des Nations & des tems
sont fort différentes, on voit à la honte
de la raison humaine, que ce qui a été du
goût du Public dans un siécle, déplaît
beaucoup dans un autre. Cette bizarerie
paroît sur tout parmi les différens Peu-

E 2   ples

ples qui ont des différens génies. Ce dé-
faut de virilité n'est pas également honteux par tout ; il rend considérables en
plus d'un lieu des gens qui sans cela ne le
seroient point : leur nom n'est pas également une injure dans tous les Païs ; Ils
ont éxercé les premiers Emplois & reçû
des honneurs qui ne cédoient qu'à ceux
qui étoient rendus aux Souverains. On
voit encore presque la même chose dans
tous les Païs du Levant , dans la Perse,
dans l'Egypte , dans la Mésopotamie, &
il est de notoriété publique qu'à la Porte
du grand Seigneur, & dans la vaste éten-
duë de son Empire qui s'étend dans les
trois parties de l'ancien Monde , les Eunuques possédent une autorité presque pareille à la Souveraine ; Ils étoient autrefois les yeux & les oreilles des Rois de
Perse , ils le sont encore de l'Empereur
des Turcs. Les Romains au contraire ont
toûjours eu en horreur ces demi-hommes , & abominé la Castration ; voici
comment César en parle à l'occasion d'u-
ne infinité de personnes auxquelles le Roi
Pharnacés avoit fait perdre la virilité *,
quod quidem supplicium , dit-il, *gravius mor-
te Cives Romani ducunt* ; cependant on voit
que peu après du tems des Antonins Plau-
tianus fit faire un grand nombre d'Eunuques , comme je l'ai dit ailleurs ; Et aujourd'hui les Italiens en ont beaucoup &
en font cas. † Mr. Chevreau nous apprend
qu'ils nomment vertueux leur *Castrati* qui
.ont

---

* De Bell. Alexand.   † Chevræana tom. 1. pag. 200.

ont la voix belle , & qu'ils honorent du
même titre les Courtisanes , quand elles
chantent , qu'elles deſſinent , qu'elles
jouent de la Guitare, ou qu'elles font un
Madrigal. La Reine Chriſtine les appelloit , la *Virtuoſa Canaglia.* C'eſt une choſe qui eſt digne de remarque, qu'il n'y a
proprement que l'Italie , qui n'eſt qu'un
coin de terre en comparaiſon de tout le
reſte du monde Chrêtien, qui produit des
Eunuques. Il ſeroit fort difficile de rapporter éxactement tout ce que le caprice
des hommes leur a fait fait faire à cet
égard dans tant de ſiécles qui ſe ſont écou-
lez, & parmi tant de Peuples qui ont
habité toutes les parties du Monde; D'ailleurs, comme ce n'eſt point le but de cet
Ouvrage, il me ſuffit de conclure de tout
ce que j'ai dit juſques ici, qu'il ne paroît
aucune Ordonnance, aucune Loi, ni aucune Conſtitution , qui réglent le mariage des Eunuques, ce que l'on trouveroit
infailliblement dans les Hiſtoriens anciens
& modernes, ou dans les compilateurs du
Droit, s'il leur avoit été permis d'en contracter, & s'il s'en étoit effectivement contracté , de même qu'on en trouve concernant la faculté de ſe faire Eunuque, de
teſter , d'adopter , d'éxercer la Tutélle ,
& d'être appellé en témoignage; on y trouve au contraire des Loix qui les deffendent
abſolument. C'eſt ce qu'il s'agit d'éxaminer plus particuliérement dans la ſeconde
Partie de cet Ouvrage.

Fin de la premiére Partie

E 3   SE-

SECONDE PARTIE.

Dans laquelle on difcute le droit des Eunuques par rapport au mariage ; & dans laquelle on éxamine s'il doit leur être permis de fe marier.

CHAPITRE PREMIER.

De la nature & du but du Mariage. Que l'Eunuque ne peut y répondre.

MOn deffein n'eft point de faire ici l'éloge du Mariage, & moins encore d'outrer les chofes fur ce fujet, comme a fait un Auteur moderne dont les éxagérations ont été fort relevées *. Je n'ai pas deffein non plus d'éxaminer à fond la matiéredu mariage ; Sanchez & Pontius y ont trouvé de quoi faire chacun un gros volume in folio ; & nous avons vû depuis peu, qu'un Eccléfiaftique de Florence nommé Charles Mazzi, a tâché de traiter fuccinctement ce fujet & de

ré-

* Voyez les Nouvelles de la République des Lettres par Mr. Bayle tom. 4. pag. 948.

réduire ce qu'on en a dit en abregé comme il paroît par le titre de son Ouvrage, qui est, *Mare Magnum Sacramenti Matrimonii in exiguo*. Cependant, son Livre est un Volume in folio; Ce qui a donné lieu à un habile homme de dire *, que puis que l'Auteur, en nous donnant un in folio, ne nous montre qu'en petit l'ocean du mariage; combien de volumes faudroit-il pour nous le montrer en grand? Quoi qu'il en soit, c'est une matiére si vaste, si agitée, si pleine d'écueils, que les Théologiens Casuistes ne sçavent comment faire pour l'épuiser, & qu'ils se trouvent souvent incertains de la route qu'ils doivent tenir; Je me contenterai donc de poser quelques principes généraux par lesquels je ferai connoître la nature & le but du mariage, pour en tirer ensuite des conséquences nécessaires au sujet particulier que je traite.

Le Mariage est, selon la définition que les Jurisconsultes en donnent, un consentement de l'homme & de la femme, de passer leur vie ensemble dans une union perpétuelle, qui ne soit séparable que par la mort de l'un ou de l'autre; † *Viri & mulieris conjunctio individuam vitæ consuetudinem continens.* Quoique cette définition soit donnée par des Jurisconsultes qui ont été les oracles de la Jurisprudence, j'oserai dire néanmoins qu'elle n'est point juste; car si elle l'étoit, la Tourterelle qui ne s'accouple qu'avec un mâle, & qui ne se laisse

E 4   point

* Ibid. tom. 7. pag. 2466. † Instit. lib. 1. tit. 9.
§. 1.

point approcher par un autre lors que le premier eſt mort, auroit contracté un mariage ; ce qu'on ne peut pas dire d'une bête deſtituée de raiſon & d'intelligence. D'ailleurs, le concubinage conſtant avec une ſeule femme ſeroit auſſi un véritable mariage, ce qui eſt contraire à l'inſtitution de de ſon union. Toutes les unions qui ſont indiviſibles dans la ſociété ne ſont pas des mariages ; cependant, pour ne pas diſputer ici contre une définition reçûë depuis tant de ſiécles, je dirai ſeulement qu'elle contient deux expreſſions qui demandent quelqu'éclairciſſement ; l'une eſt le mot *conjunctio*, il ne ſe prend pas ſimplement pour le conſentement des contractans, il ſe prend auſſi *pro corporum commixtione*. L'autre eſt le terme *individuam*, il s'entend de ceux qui contractant mariage leſquels ſont cenſez avoir deſſein de vivre enſemble dans l'union juſqu'à la mort de l'un ou de ſ'autre, car le divorce étoit permis chez les Romains, comme on le voit par le titre entier du Code de *Repudiis*, & du Digeſte *De Divortiis & Repudiis*. Ce que je dirai dans la ſuite de ce chapitre poura ſatisfaire aux doutes auxquels ces mots ont donné lieu.

Le Mariage eſt la plus excellente de toutes les unions. 1. Parce que c'eſt Dieu qui l'a inſtitué dans le Paradis terreſtre, durant l'état d'innocence. 2. Parce qu'il n'y a rien qui convienne mieux à l'homme que le mariage, ni qui ſe rapporte plus parfaitement à ſes beſoins. 3. Parce que le

mariage

mariage eſt très néceſſaire au monde pour
y conſerver les Sociétez, & pour y entretenir la ſageſſe & la pudeur.

La différence des ſéxes & ces paroles,
croiſſez & multipliez, que Dieu a pronon-
cées lui-même lors qu'il les joignit enſemble, qu'il inſtitua le mariage & qu'il le benit, font voir manifeſtement que le but de
cette union n'eſt autre que la propagation
du genre humain. Cette union ne peut
donc point paſſer pour un ſimple conſentement de demeurer enſemble, comme quelques-uns l'ont crû, mais *pro corporum commixtione,* ou *pro copula carnali.* Ces paroles de Dieu, *& ils ſeront deux dans une même
chair,* ne ſignifient autre choſe. Les Canoniſtes ne regardent le gendre & la fille que
comme une ſeule & même perſonne, comme un ſeul & même enfant, *ſi vir & uxor
non jam duo ſed una caro ſunt, Non aliter eſt
nurus reputanda quam filia,* or ils ne peuvent
être *una caro* que par la conſommation du
mariage, *non aliter vir & uxor mulier non
poſſunt una caro fieri niſi carnali copula ſibi co-
hæreant;* ce ſont les termes qui ſont em-
ployez dans le droit Canon*. En effet, ſi
ces paroles ne ſignifioient qu'un ſimple
conſentement, quel ſens pourroit-on donner à cette expreſſion de Saint Paul, *Ne
ſçavez-vous pas que celui qui s'attache avec
une femme débauchée eſt fait un même
corps avec elle, car les deux,* eſt-il dit, *de-
viendront une même chair.* Un homme
qui commet paillardiſe avec une femme,

E 5   ne

* Decret. 2. pars, cauſa 35. quæſt. 1. & 2.

ne s'engage pas à demeurer toûjours avec
elle, comment donc est-il fait un même
corps avec elle? Ce ne peut être que *per cor-*
porum commixtionem, ou *per copulam carna-*
lem, comme je l'ai dit; Or quel but peut
avoir cette conjonction, selon l'intention de Dieu qui en a été l'Instituteur?
C'a été de procurer lignée, d'engendrer
des enfans ; *Croissez & multipliez*, dit-il,
voila pourquoi je vous joins ensemble; Il
ne dit pas, *divertissez-vous, donnez l'essor à*
vos passions brutales, Faites tout ce que vos sens
& la nature exigeront de vous, uniquement
dans la vûë de leur plaire & de les satisfaire.
D'ailleurs, Adam étant dans l'état d'innocence, le dessein de Dieu ne pouvoit pas
être de lui donner cette liberté, il n'avoit
point alors de ces convoitises charnelles qui
sont nées avec ses successeurs depuis sa chu-
te. Il est vrai que quelques Interprétes ont
crû que ce mot *croissez* ne regardoit que la
grandeur du corps ; mais outre qu'il est certain que le mot original signifie, *fructifiez,*
& que c'est en ce sens qu'il est dit au Pseau-
me 132., *l'Eternel a juré la vérité à David,*
il ne s'en détournera point, je mettrai du fruit
de ton ventre sur ton Trône, c'est à dire,
quelqu'un des tiens & de ta postérité; c'est
en ce même sens qu'Elizabeth dit en passant à Marie, *benit est le fruit de ton ventre,*
les Auteurs profanes se servent de la même
expression dans le même sens, témoin celui-ci du Poëte Claudien, *

Nascitur ad fructum mulier prolemque futuram.

Cette

---

* *In Euttop. lib. 1.*

Cette expression eſt auſſi connuë dans le
droit Canon *, dans lequel *Mater in procrea-*
tione filiæ dicitur radix, Filius Verò flos & po-
mum. outre tout cela dis-je, il eſt certain
que le mot *multipliez* qui ſuit celui-ci, *fruc-*
tifiez, ôte toute l'ambiguité qu'il pouroit
y avoir ; & d'ailleurs, le Prophete Mala-
chie explique les paroles de Dieu d'une maniére claire & qui ne laiſſe aucun doute dans
l'eſprit ; Il parle à un mari de ſa femme légitime en vertu d'un Contract qu'il a fait
avec elle, & il lui dit, *N'eſt-elle pas l'ouvra-*
ge du même Dieu, & n'eſt-ce pas ſon ſouffle qui
l'a animée comme vous ? Et que demande cet Au-
teur unique de l'un & de l'autre, ſinon qu'il
ſorte de vous une race d'enfans de Dieu ! Saint
Paul nous en donne un Commentaire à peu
près pareil, lors que parlant des veuves il
dit, † *qu'il veut que les jeunes ſe marient & qu'el-*
les mettent des enfans au monde ; on prend donc
des femmes & on ſe marie avec elles pour
en avoir des fils & des filles, *afin de multi-*
plier & de ne point laiſſer périr nôtre nombre,
comme s'exprime le Prophete Jerémie §.
Dieu donc n'a établi le mariage que pour
ſuſciter lignée, & par ce moyen nous rendre en quelque façon vivans après nôtre
mort ; * *Natura nos docet parentes pios libero-*
rum procreandorum animo & voto uxores ducere.
...... *Et enim id circò Filios filiaſve concipimus*
atque edimus ut ex prole eorum, earumve, diu-
turnitatis nobis memoriam in ævum relinquamus ;

E 6   De

* Cap. tunc ſalvabitur 33. Quæſt. 5. & ibid. Gloſſ
fin. † 1. Timoth. ch. 5. v. 14. § Jerém. ch. 29. v
6. * L. 220. ff. de verbor. ſignif. §. 3. in fin.

De là vient que quelques Interprétes eſti-
ment que Jéſus Chriſt dans Saint Luc *, dit
que ceux qui ſeront reſſuſcitez ne ſe marie-
ront point ; car, dit-il, *ils ne pourront plus
mourir*, comme s'il vouloit dire que le mariage n'étant établi que pour nous ſubſtituer
des ſucceſſeurs après nôtre mort il ne ſera
plus néceſſaire de ſe marier après la réſurrec-
tion, puis qu'alors on ne pourra plus mourir. Le deſir d'avoir lignée eſt dans l'homme & dans la femme, mais on dit qu'il eſt
plus grand aux femmes qu'aux hommes, &
que de là vient que ce contract a pris ſon
nom de la femme plûtôt que de l'homme,
Matrimonium, dit-on †, *a matris nomine, non
adepto jam, ſed cum ſpe & omine jam adipiſcen-
di.* Mais j'avouë que je ne ſuis point du
tout de ce ſentiment, car il eſt certain que
l'homme perpétuant ſon nom & ſa réputation par le moyen de ſes enfans, doit ſou-
haiter beaucoup plus d'en avoir, que la
femme dont le nom eſt éteint lors qu'elle ſe
marie, parce qu'elle prend celui de ſon mari, & dont la réputation conſiſte uniquee-
ment à faire ſon devoir envers ſon mari &
envers ſa famille, *la gloire de la femme*, au
reſte, *étant le mari*, comme parle Saint
Paul ; D'ailleurs, pour me ſervir de l'expreſſion des Canoniſtes §, *filius matri ante par-
tumeſt oneroſus, in partu doloroſus, poſt par-
tum laborioſus.* Je croirois donc qu'il ſeroit
plus vrai-ſemblable de dire que le mariage
prend ſon nom de la femme, parce qu'elle
con-

* Chap. 20. v. 35. & 36. † Aul. Gel. lib. 18. cap.
6. § Cap. extr. de converſ. iuſidel.

contribuë plus au mariage que l'homme.
Quoi qu'il en foit , il réfulte toûjours de
tout ceci , que le defir d'engendrer eft le
but & la fin du mariage ; les Philofophes
eux-mêmes en conviennent, *Quem admo-
dùm*, difent-ils, *homo naturaliter & fubftan-
tialiter eft Animal, ita eft vivens, Naturalif-
fimum autem opus viventium eft generare fibi fimile; perfectum eft*, difent-ils encore, *unum
quodque, cum fimile fibi producere poteft.* Suivant ces maximes , comment le mariage
peut-il convenir à un Eunuque ? Comment
peut-il être capable de le contracter ? Et ne
paroît-il pas que l'Eunuchifme & le mariage font deux chofes incompatibles & effen-
tiellement oppofées ? Auffi les Payens ,
quoi qu'ils ne fe conduififfent qu'à la lueur
de la raifon humaine obfcure & bornée ,
ne vouloient pas qu'on contractât mariage
à aucun autre but qu'à celui de procréer lignée. Voici un éxemple qui le fait bien
voir ; ,,Septitie mére des Trachales Ari-
,,minfens , pour leur faire dépit , bien
,,qu'elle fût hors d'âge de porter enfans,
,,époufa un Publicius auffi fort âgé , & par
,,un teftament les priva de fa fucceffion ; ces
,,deux fils s'en étans plains au Divin Auguf-
,,te , il déclara le mariage nul , & caffa le
,,teftament , voulant que fes enfans fuffent
,,fes héritiers , & refufant même au vieil-
,,lard l'avantage que cette femme lui fai-
,,foit à caufe qu'ils avoient contracté leur
,,mariage fans efpérance d'avoir lignée. Si
,,la Juftice même s'étoit mife dans fon Trô-
,,ne , & qu'elle eût pris connoiffance de
,,cette

,, cette affaire, auroit elle plus équitable-
,, ment & plus gravemént prononcé? Parmi les bêtes mêmes qui n'ont point péché
& qui font toutes demeurées dans les termes de leur nature, qui suivent toutes leur
ordre, les femelles ne souffrent le mâle que
pour devenir méres.

CHAPITRE II.

Les Eunuques ne pouvant pas satisfaire au but du mariage, ils ne doivent pas le contracter.

LEs Eunuques qui contractent mariage
font de mauvaise foi & méritent d'être
punis. Premiérement ils commettent une
fausseté insigne. Ils se donnent pour hommes & ils ne le font point ; la fausseté, selon les Jurisconsultes *, *est actus dolosus veri-*
tatis mutandæ gratia ad alterum decipiendum
factus, quem lex pro falso habet, & lege Cor-
nelia de falsis coërcet. Il n'est pas nécessaire
que les Eunuques pour être coupables de
fausseté ayent dit positivement qu'ils é-
toient capables de satisfaire aux Loix de
mariage, il suffit que sçachant les Loix ils
se soient engagez dans cette union & qu'ils
ayent donné lieu par là à croire qu'ils pouvoient

---

* Nouvel. 73. in princip.

DES EUNUQUES. 111

voient en remplir les devoirs. * Car *falsum committitur non dicto sed facto*, comme on le voit par tous les cas qui sont rapportez dans la Loi *Quid sit falsum quæritur*, 23. *ff. ad legem Corneliam de falsis*.

En second lieu, ils promettent ce qu'ils ne peuvent point tenir. On fait différence en droit entre *Sponsalia & Matrimonium*; *sponsalia sunt mentio & repromissio nuptiarum futurarum*; ce sont les termes de la loi premiére *ff. de sponsalibus*. Ce mot *sponsalia* vient du mot *spondere* qui signifie *promettre*. Le droit Canon est fort différent du droit Civil en ce qui concerne les fiançailles des Enfans, ou des Adolécens. Le premier † décide nettement que *sponsalia amborum Infantium, vel alterius tantum per supervenientiam majoris ætatis non validantur, nec publicam honestatem inducunt*. § L'Autre au contraire dit absolument que *sponsalibus contrahendis ætas contrahentium definita non est*, mais il ajoûte ces mots, *ut in matrimoniis*. C'est à dire, *in Matrimonio non consideratur principaliter ætas, sed potentia generandi*. L'état des contractans doit être certain, parce qu'il faut qu'ils soient capables de le consommer. S'il arrive que l'un n'en soit pas capable, il n'y a point de mariage parce que, *ubi datur permixtio habilis cum inhabili vitiatur actus, quando requiritur concursus habilitatis in utroque*, c'est une maxime qui est manifestement démontrée par les Canonistes

* L. Eleganter 24. §. qui reprobos. ff. de pignor. act.
† Sext. decretal. lib. 4. tit. 2. capitul. unic.   § L.
24. ff. de sponsal.

ſtes qui ont commenté la Loi , *utile non debet per inutile vitiari.* C'eſt ſur cela que le chapitre ſecond *de Frigidis* eſt fondé ; Il porte préciſément ces mots, *ſicut puer qui non poteſt reddere debitum, non eſt aptus conjugio, ſic qui impotentes ſunt minime apti ad contrahenda matrimonia reputantur.* Un enfant n'eſt pas propre au mariage parce qu'il ne peut point en remplir les devoirs. Il y a du plaiſir à lire la diſpenſe d'âge que l'Archevêque de Tours accorda dans le Mariage de Louïs, Dauphin, fils du Roi Charles Sept, & de Marguerite d'Ecoſſe, parce que l'Epoux n'avoit que quatorze ans, & que l'Epouſe n'en avoit que douze ; comme ſi une diſpenſe de cette nature étoit une choſe qui fût au pouvoir des hommes ; il n'y a que la Nature qui puiſſe en accorder de telles*. Juſtinien a fixé la puberté à quatorze ans, & le droit Canon a fixé celle des filles à douze, mais il excepte de cette Loi générale celles, *in quibus malitia ſupplet ætatem.* Mais la nature n'eſt point aſſujettie aux Loix Civiles ni aux Loix Canoniques ; Elle ſort quelquefois de ſes propres régles, elle eſt tantôt avare, & tantôt prodigue de ſes faveurs. L'Ecriture Sainte parle de Salomon qui engendra Roboam à l'âge d'onze ans, & d'Achaz qui engendra Ezechias à l'âge de dix ans. S. Jérôme, le Pape S. Grégoire, Scaliger, Mr. Bochart, & pluſieurs autres, ont rapporté des cas ſinguliers. Ils ont vû un garçon de dix ans avoir

* L. vehenda 10. §. 1. ff. ad leg. Rhod. de Jactu.

avoir eu un enfant de fa nourrice ; ils ont
vû d'autres éxemples de ces fruits préco-
ces*, mais ni l'autorité des hommes, ni leur
artifice, n'avoit rien contribué à leur pro-
duction. Les Eunuques qui n'ont plus ce
que la nature leur avoit donné pour être capables du mariage, ont beau recourir à la
faveur & à l'autorité des hommes, ils ne
les mettront jamais en état de le confommer, & jamais ils n'obtiendront d'eux le
pouvoir d'éxécuter ce qu'ils auront promis
par leur engagement. Ils ont donc tort de
promettre folemnellement ce qu'ils fça-
vent ne pouvoir abfolument tenir par eux-
mêmes quelque fecours qu'ils reçoivent
d'autrui ; *Paria ćenfentur jurare & Religione
data fide promittere* ; Et ils ne font point
excufables par la raifon que les Jurifconfultes en rendent ; *Permittenti non fubvenitur
quando tempore promiffionis difficultatem fciebat.*
Les Canoniftes parlant du mariage de David avec la Sunamite §, fi tant eft que c'en
ait été un véritable, puis que Bethfabée,
Abigail, & fes autres femmes & fes con-
cubines, vivoient encore, mettent en
queftion fi David fit bien de l'époufer, n'é-
tant point en état de confommer le mariage avec elle ; Et ils ne l'excufent que parce qu'il ne la prit point par un mouvement
de convoitife, de fon bon gré, mais par
l'avis, ou plûtôt l'ordre des Médecins,
& pour fatisfaire aux Principaux de fon
Royaume. Ils difent encore que la vie
de

---

* Voyez S. Jerôme Epitr. 2. tom. 1. p. 11. § 1. Liv
des Rois ch. 1.

de David ayant été prolongée par ce moyen; Adonias ayant été vaincu, & le Régne de Salomon bien établi, on doit en juger favorablement.

Enfin, le mariage est une espéce de contract de vente & d'achat, le mari aquiert la puissance du corps de la femme, & la femme aquiert la puissance du corps du mari. A Rome autrefois le mariage se faisoit *per emptionem*; c'est donc un contract de bonne foi dans lequel le Jurisconsulte dit * que le dol doit être présumé lors qu'on tient malicieusement quelque chose de secret; Comme donc dans un contract de vente rien ne doit demeurer inconnu ni douteux: que l'acheteur doit avoir connoissance du vice de la chose qu'on lui vend, ou de la maladie secrette & cachée dont l'animal vendu pourroit être atteint. De même aussi dans cette espéce d'achapt toute la fraude doit être imputée à l'Eunuque qui a caché son impuissance. Fragosus éxamine dans son excellent Ouvrage qui a pour titre, *Regimen Reipublicæ Christianæ. Impedimenta matrimonii an sint revelanda quandò sunt omninò secreta*, & il décide la question † en disant, que celui qui ne révéle pas les empêchemens lors qu'ils sont diriments, péche mortellement; le mariage de ces sortes de gens est si odieux qu'il est toûjours déclaré nul & comme non avenu dès que leur état est découvert.

Les nôces qui se faisoient parmi les Romains,

* L. ea quæ commendandi causa ff. §. ult. de contrah. empt. † Part. 1. lib. 5. disput. 12. §. 10. num. 351.

mains , *per coëmptionem*, se célébroient de
cette maniére ; Après quelques cérémonies , *se se coëmendo interrogabant , vir ita,
an sibi mulier mater familias esse vellet ? illa
respondebat , velle ; Interim mulier interroga-
bat an vir sibi pater familias esse vellet , ille
respondebat velle. Sic mulier in viri convenie-
bat manum*; c'est à ce propos que Virgile a
dit,

Teque sibi generum Thetis emat omnibus undis.

Servius observe que ce mot *emat*, se rapporte à l'ancien usage de contracter. On peut
voir toutes les solemnitez de ces sortes de
mariages dans le Livre sixiéme de la Cité
de Dieu de Saint Augustin , & dans le
chapitre neuviéme du Livre sixiéme des
Antiquitez Romaines de Rosinus.

CHAPITRE III.

Le Mariage des Eunuques est considéré comme nul & comme non avenu.

C'Est une maxime en Droit, que *falsum
quod est, nihili est.* Les Eunuques qui
s'unissent avec une femme, la trompent;
Ils ne contractent point mariage avec elle
puis qu'ils ne sont pas capables de contribuer

buer de leur part comme ils le devroient
à la substance du mariage ; Ainsi on peut
dire que ce n'est qu'un vain phantôme,
ce n'est qu'un mariage feint & simulé, &
nullement un mariage réel & véritable.
De là vient que quand il s'agit de séparer
une femme qui a été surprise par un Eunuque, on ne dissout point le mariage, mais
on déclare qu'il n'y en a point eu. C'est
sur ce principe que toute la Jurisprudence
de ces sortes de conjonctions est fondée *.
Elle fait voir qu'il n'y a ni mari, ni femme, ni dote, ni douaire. La loi *in cau-*
fis, contient une décision précise sur ce sujet, *si maritus*, dit-elle, *uxori ab initio ma-*
trimonii usque ad duos annos continuos compu-
tandos coire minime propter naturalem imbe-
cillitatem valeat, potest mulier vel ejus paren-
tes sine periculo dotis amittendæ repudium ma-
rito mittere. La loi *si serva servo*, s'explique bien plus clairement † ; *si spadoni*, dit-
elle, *mulier nupserit, distinguendum arbitror*
castratus fuerit, nec ne ; ut in castrato dicas
dotem non esse, In eo qui castratus non est,
quia est matrimonium, & dos & dotis actio
est. Au second cas le mari a action pour
la dote, & la raison qui en est donnée, c'est
qu'il y a mariage, & par conséquent dans
le premier cas il n'y a point de mariage,
puis qu'il n'y a point d'action pour la dote ; cette matiére mérite qu'on s'y éten-
de un peu davantage.

Il semble ordinairement que dès là qu'u-
ne

---

* Lib. 5. tit. 17. l. 10.   † Lib. 23. tit. 3. de Jure
dotium l. 39. §. 1.

ne femme eſt liée par contract avec un homme, & que les cérémonies de l'Egliſe ont rendu ce lien ſolemnel, il y a un véritable mariage, mais on ſe trompe; cette erreur eſt fondée ſur cette maxime de Droit que j'expliquerai dans la ſuite. *Conſenſus non concubitus matrimonium facit.* Voici un Juriſconſulté qui nous en détrompe, c'eſt Ulpien qui prononce formellement ſur ce ſujet. *Non omnes conjunctiones implent conditionem cùm nupſerit; putà enim nundum nubilis ætatis in domum mariti deducta, non paruit conditioni ſi nupſerit vel ſi ei conjuncta ſit, cujus nuptiis erat interdictum.* Ce n'eſt point aſſez d'avoir paſſé contract, d'avoir épouſé à la face de l'Egliſe, d'avoir été menée dans la maiſon de l'Epoux, d'avoir été miſe entre ſes bras, toutes ces circonſtances ne ſont que des apparences du mariage, mais elles ne ſont pas le mariage. Il faut que le mari & la femme ayent été nubiles & capables de le conſommer. C'eſt donc avec raiſon que l'Empereur Juſtinien a décidé dans ſes Inſtitutes, que ſi cette femme perd ſon mari avant qu'elle ait été *viri potens*, elle ne lui a jamais été femme légitime; † *Nec vir, nec uxor, nec nuptiæ, nec matrimonium, nec dos intelligitur.* Le Juriſconſulte Labeo s'explique encore plus clairement, § *quando pupillæ,* dit-il, *legatum*

---

* Voyez le Treſor ou la Biblioth. du Droit Franç. par Mre. Laurent Bouchet tom. 2. pag. 691.   † Tit. de Nuptiis §. 12.   § L. 30. ff. quando dies leg. vel fideic. cedat.

*gatum est , quandocumque nupserit , si ea mi-
nor quàm viri potens nupserit , non ante ei ,
legatum debebitur quàm viri potens esse cœpe-
rit , quia non potest videri nupta que virum
pati non potest*; L'Histoire * rapporte un fait
qui est digne de remarque ; François I.
souhaitant de tirer le Duc de Cléves du
parti de l'Empereur Charles - Quint , &
de l'engager dans le sien , pressa & contraignit Marguerite de France sa Sœur,
& Henri d'Albret Roi de Navarre son
beau-frére , de lui donner en mariage
Jeanne leur fille qui n'étoit âgée que de
huit à neuf ans ; le mariage fut conclû &
arrèté , solemnisé dans la Ville de Châ-
teleraud , l'Epouse conduite au lit nuptial ; cependant , par jugement du Pape , il a été dit depuis , qu'il n'y avoit
point eu de mariage, & cette jeune Princesse a été mariée de nouveau à Antoine
de Bourbon ; C'est sur ce principe sans
doute que les Tribunaux † ont permis à une
fille qui avoit été mariée à l'âge de sept
ans avec le Frére aîné , de se marier ensuite avec le frére Cadet , lorsqu'elle est
parvenuë dans un âge Nubile. Ce seroit
autoriser un Inceste si on considéroit le premier mariage comme un véritable mariage. Et il paroît bien qu'il n'est point du
tout consideré comme tel ; § Il est même
deffendu aux Prêtres par les Conciles de
marier

---

* Vid. Pruckneri manuale mille quæstionum illu-
strium Theolog. Centur. 8. Quæst. 43.   † Voyez le
Tresor , ou la Biblioth. du Droit François par Mre Laurent Bouchel tom. 2. pag. 689. § Capitul. 10. Decretal. Gregor. lib. 4. tit. 2.

marier des gens notoirement incapables d'éxercer les fonctions du mariage. Les Canonistes font beaucoup plus décisifs fur cette matiére que les autres Jurifconfultes, car ils vont jufques là qu'ils difent que *contractus ante pubertatem etiam cum nifu carnalis copulæ non facit Matrimonium.* On fçait ce que c'eft que *Pubertas* , en tout cas le chapitre troifiéme du même titre l'enfeigne; *Puberes,* dit-il , *a Pube funt vocati, id eft a Pudentia corporis nuncupati , quia hæc loca primo lanuginém ducunt ; Quidam tamen ex annis pubertatem exiftimant , id eft eum effe puberem qui tredecim annos implèvit, quamvis tardiffimè pubefcat; Certum eft autem eam puberem effe , quæ ex habitu corporis pubertatem oftendit , & generare jamjam poteft , & puerperæ funt quæ in annis puerilibus pariunt ;* De forte que fuivant cette définition les Eunuques ne font jamais *puberes* , & n'étans d'ailleurs jamais capables du mariage, ceux qu'ils contractent font nuls par euxmêmes. Les Conciles & les Papes deffendent expreffément de faire les cérémonies prefcrites par l'Eglife , comme de donner la bénédiction , &c. pour des mariages nuls , tels que font ceux dont je viens de parler, afin qu'elles ne foient pas faites en vain. Je conclûs donc , *que non eft inter eos matrimonium quos non copulat commiffio fexus ,* comme il eft dit dans le Decret de Gratien * ; *Non eft dubium,* dit-il, *illam mulierem non pertinere ad matrimonium cum quâ commiffio fexus non docetur fuiffe.*

* Decret. 2. pars cauf. 37. quæft. 2. c. 17.

fuisse. * *Qui matrimonio conjuncti sunt & nudere non possunt, illi non sunt conjuges;* Voici en un mot ce que c'est que le mariage au sentiment des Canonistes, *In omni matrimonio,* disent ils †, *conjonctio intelligitur spiritualis quam confirmat & perficit conjunctorum commistio corporalis.* Dès là donc que dans le mariage des Eunuques il n'y a jamais eu de véritable mariage, parce qu'il n'y a jamais eu de véritable conjonction, on ne prononce point de dissolution, on dit simplement qu'il n'y a point de mariage, & que la partie plaignante est en liberté d'en contracter un avec qui bon lui semblera. § *Tum propriè non fit divortium, sed fit declaratio, ut alii sciant illam societatem non esse conjugium, & conceditur personæ quæ habet natura vires integras ut etiam vivente altero impotente possit contrahere cum alio.* * L'Eglise Romaine qui considére le mariage comme un Sacrement, ne le dissout jamais, † *quo ad vinculum,* elle ne sépare la partie plaignante que, *quo ad thorum;* lors donc qu'elle permet à la partie plaignante de se remarier, c'est qu'elle estime qu'il n'y a point eu précédemment de mariage; c'est donc se moquer & abuser des cérémonies les plus graves de la Religion que de les faire intervenir dans un acte faux & chimérique pour autoriser une imposture, qui

pro-

* Ibid. c. 30. † Ibid. c. 37., &c. § Voy. Schneidewin. in institut. lib. 1. Tit. 10. pars 4. *De divortio. num. 22. † On peut voir sur ce sujet les ch. 62. & 64 de la 2. Centurie des Arrêts de Mr. le Prêtre.

produit des inconvéniens qu'il seroit très bon de prévenir. On peut dire même que ces gens-là sont dans le cas de la Novelle que l'Empereur Justinien a donnée *, pour punir celui des conjoints qui se trouvera avoir causé mal à propos la dissolution du mariage. Solon avoit fait auparavant une Loi contre ceux qui ne pouvoient pas rendre les devoirs dûs à leur femme ; Il donnoit à ces femmes l'action d'injure contre ces maris impuissans.

CHAPITRE IV.

Inconvéniens que le Mariage des Eunuques produit ordinairement.

LE † Poëte Claudien parlant d'un Eunuque, l'appelle une vieille ridée. Térence lui donne le même nom, *Eunuchum*, dit-il §, *illumne obsecro? Inhonestum hominem, quem mercatus est here, senem mulierem* ; Mais Martial pousse la Satyre & l'injure plus loin, il ne se contente pas de dire, en parlant de Numa qui avoit vû un Eunuque efféminé, *

F *The-

---

* Collat. 4. Novell. 22. tit. de causis solutionis cum pœna. † In Eutrop. lib. 1. § Terence Eunuch. Act. 2. Scen. 3. * Epigr. 52. lib. 10.

Thelir viderat in toga spadonem ,
Damnatam Numa dixit esse mœcham ;
            Il dit encore †,
Dos etiam dicta est. Nondum tibi Roma videtur
Hoc satis ? Expectas numquid & ut pariat ?

Toute la différence qu'il y a , c'est que Martial parle de deux hommes qui se faisoient passer pour femmes, & que je parle d'hommes qui sont véritablement comme des femmes , & auxquels ce qui est dit dans la Loi , *cùm vir nubit. cod. ad legem Juliam de Adulterio* , convient à peu près. Ce sont les Empereurs Constantius & Constance qui y parlent , *cùm vir ,* disent-ils, *nubit ut fœminæ viris , paritura quid cupiatur , ubi sexus perdidit locum , ubi scelus est id , quod non proficit scire , ubi Venus mutatur in alteram formam , ubi amor quæritur nec videtur.* Cet assemblage ne produit point l'effet que la femme en avoit espéré ; * *sic virgò intacta manet , inculta senescit ;* selon l'expression de Catulle & d'Ovide. † Ce n'est point là l'intention de cette femme , ni le but du mariage ,

Fœmina fortunæ similis formosa videtur ,
Non amat ignavos illa nec ista Viros.

ou plûtôt comme s'exprime le même Poëte qui dit plusieurs véritez en raillant d'une maniére très agréable & très enjouée,
                                          Sæpè

† Epigram. 42. lib 12. * Carmen Nuptiale lib. 1.
m. 63.   † Ovid. Amor. lib. 3. Eleg. 7.

Sæpè quiescit ager, non semper arandus, at uxor *
    Est ager, assiduo vult tamen illa coli. †

Si cette idée paroît outrée, il y en a une
autre qui n'est pas plus avantageuse aux
Eunuques, & dont les conséquences ne
sont pas plus favorables à eux & à leurs
femmes.

Ce ne sont que des demi-hommes; §
Juvenal appelle un Eunuque *semivir.* Mais
c'est trop dire en leur faveur; ce ne sont
que des arbres stériles, des troncs desse-
chez, comme s'exprime Esaïe.

Truncus iners jacui, species & inutile signum, *
    Nec satis exactum est corpus an umbra forem.

Voila la véritable description d'un Eunuque; Et voici deux traits qui en achévent
le portrait; l'un est donné par les Jurifcon-
sultes, & l'autre par un Ecrivain sacré.

L'Eunuque est un homme toûjours malade, & toûjours languissant, † *morbosus;*
Par conséquent incapable de faire les fonctions de la vie active; *sin autem ita spado*
est, dit le Jurifconsulte Paulus, *ut tam ne-*
cessaria pars corporis ei penitus absit, morbosus
est; c'est un malade impuissant qui voit
l'occasion d'agir & qui ne peut; Qui comme Tantale se voit au milieu des biens &
des plaisirs & qui ne peut point les goûter;

F 2 on

---

* Audoënus Epigramm. 55.   † Ibid. Epigram. 275.
§ Juven. Satyr. 6. v. 513.   * Ovid. ubi suprà.   † Liv·
21. tit. 1. de æditit. Ædicto. l. 7.

on peut dire de lui ce qu'Horace dit § de
fon avare, „mon ami, lui dit-il, vous
„avez entendu parler de Tantale ? Il meurt
„de foif au milieu d'un fleuve dont l'eau
„fuit auffi-tôt qu'il veut boire. De qui
„penfez-vous rire ? C'eft de vous que par-
„le la Fable fous un nom emprunté ; vous
„dormez fur des facs d'argent entaffez au-
„tour de vous les uns fur les autres, vous
„les dévorez des yeux, cependant vous
„n'oferiez non plus y toucher qu'à des
„chofes facrées ; Et ce font des richeffes
„en peinture à vôtre égard. La différence qu'il y a, c'eft que l'avare peut & ne
veut point fe donner du plaifir de fon bien,
& que l'Eunuque voudroit bien, mais
qu'il ne peut point, & en cela on peut
dire, que la comparaifon de lui à Tantale eft plus jufte, que celle qu'Horace fait
de fon avare à Tantale ; On peut dire à
l'Eunuque plus à propos qu'à l'avare,

Indormis inhians, & tanquam parcere facris
Cogeris, aut pictis tanquam gaudere tabellis.

Tant s'en faut donc qu'une femme à fes
côtez foit un bien qui lui donne de la
joye, il l'afflige au contraire beaucoup,
parce qu'il ne peut point en profiter ; c'eft
une vérité que le Sage a reconnu, & c'eft
le fecond trait qui achéve la peinture de
l'Eunuque ; Il eft de la façon de l'Auteur de l'Eccléfiaftique, foit qu'il foit Jéfus Sirach, foit que ce foit Salomon ; il
parle

§ Horat. Sermon. lib. 1. Satyr. 1.

parle d'un homme qui porte la peine de
son inquité * , & il dit qu'*il voit les vian-
des de ses yeux & qu'il gémit comme un
Eunuque qui tient une vierge & qui soû-
pire* ; cette comparaison est très juste , il
porte la peine de son iniquité, soit qu'il
n'ait eu autre vûë que de tromper une
femme pour profiter de ses biens , ou de
ses avantages ; soit que par une brutalité
monstrueuse il s'abandonne à une intem-
pérance qu'il n'est pas dans son pouvoir de
soûtenir ; Quoi qu'il en soit une femme
est trompée ; Et elle peut dire à juste titre, ce qu'Auguste disoit lors qu'il se trouvoit assis entre Virgile & un autre Poëte
de son tems, *sedeo inter suspiria & lacrimas.*
Et si cette fraude étoit autorisée il en ré-
sulteroit plusieurs inconvéniens qui parois-
sent naturellement , & qui se font voir
d'eux-mêmes.

1. Une femme languiroit & sécheroit
d'ennui à côté d'un homme de cette nature, car elle a beau l'exciter, ses efforts sont
inutiles, c'est pourquoi n'ayant ni les dou-
ceurs du mariage , ni l'apparence d'en joüir,
elle s'affligeroit en secret. Cela n'est point
sans exemple. L'Histoire nous apprend que
l'Empereur Constantius eut pour femme
Eusebia , Princesse très belle , & de la
beauté de laquelle on parloit par tout
avec admiration. Constantius étoit un
homme mol , efféminé & affoibli par de
longues & continuelles maladies ; Eusebia qui étoit dans la fleur & dans la vi-

F 3
gueur

___
* Ch. 30. v. 21.

gueur de son âge, eût de fréquentes maladies de femmes, & enfin se consuma, & finit ses jours étique, séche, & défigurée du chagrin secret, de n'avoir jamais eu la douce & aimable compagnie de son Epoux, sans que l'excellence de sa beauté, la jeunesse de son âge, ni le souverain honneur d'être Impératrice, ayent pû lui apporter le moindre plaisir, ni la moindre satisfaction, bien loin d'avoir pû la consoler. Cela a pû être permis à un Empereur, du moins n'a-t-on pû lui en demander raison ; mais on ne peut point permettre la même chose à un particulier dont l'intention injuste est de rendre une femme misérable pour satisfaire à quelqu'une de ses iniques passions ; Il n'est pas juste de le favoriser dans l'entreprise de faire mourir une femme innocente, vierge & martyre.

2. Il pourroit arriver qu'une femme n'auroit pas la force de soûtenir une si terrible épreuve, ni assez de fermeté pour résister aux tentations auxquelles elle se trouveroit exposée, L'esprit est prompt, mais la chair est foible, & il ne seroit pas trop surprenant qu'une femme ne trouvant pas chez elle de quoi satisfaire à une passion irritée, ne reçoive d'ailleurs des secours nécessaires pour la calmer. * Un de mes Amis m'a dit en conversation, qu'il se rencontra un jour chez un Baillif du Païs, dans le moment qu'une femme mariée à un Suisse, vint

---

* Mr. Ocluen Capitaine de Cavalarie, & l'un des Membres de la Société Royale de Berlin.

vint toute émûë, ayant un petit enfant fur
fes bras, fe plaindre à lui que fon mari étoit
Eunuque. On lui demanda fi cet enfant
qu'elle portoit n'étoit point à elle : Elle répondit qu'oui, on lui dit pourquoi donc
elle difoit que fon mari étoit Eunuque puis
qu'il lui avoit fait un enfant ; elle repliqua
que cet Enfant n'étoit point de lui, qu'elle
ayant bien remarqué qu'il ne faifoit rien qui
vaille depuis plufieurs années qu'elle étoit
avec lui, elle avoit prié un ouvrier maçon
qui travailloit chez elle de lui faire voir s'il
ne feroit pas mieux : que l'ayant mife fur
un coffre qui étoit près de là, il lui avoit
fait cet enfant dans un feul coup ; & que
fon mari n'avoit pû en faire autant dans
plufieurs années avec tous fes efforts. Le
mari ayant été cité à fa requête, & depuis
vifité, on ne lui trouva point de chrémaftire, il avoua qu'il en avoit perdu un à l'Armée par un coup de fufil, & qu'il avoit
perdu l'autre par une maladie ; l'affaire
ayant été envoyée dans l'Univerfité voi-
fine ; le mariage fut caffé, & la femme
s'eft mariée à fon autre homme. Cet Eunuque voyoit bien que fa femme ayant un
enfant, il falloit qu'elle eût eu affaire avec
quelqu'autre que lui, cependant il ne difoit mot ; les gens de ce caractére ne font
point jaloux. Je crois même que fi on pro-
pofoit aux Eunuques qui fe marient d'accorder cette permiffion à leur future Epoufe, dans leur Contract de mariage, ils n'en
feroient aucune difficulté, cela ne feroit
pas fans éxemple. Je n'alléguerai pas le

Jugement folemnel rendu contre un Cocu qui fe plaignoit , dans lequel il eft condamné a reprendre fa femme & à faire ceffer les bruits qu'il avoit répandus, fondé fur ceci qui eft le motif de l'Arrêt tel qu'il lui a été prononcé , *

> Son perfuadé que Cocuage
> Eft la Claufe de Mariage
> Claufe obfervée éxactement,
> Et quand une femme y renonce
> On l'en reléve en jugement,
> C'eft en fa faveur qu'on prononce.
> La Loi pour ce fait feulement
> La traite toûjours de mineure,
> J'en fçai telle de foixante ans
> Qui n'eft pas encore majeure.
> Cette Claufe tire fon droit
> Des principes de la Nature
> C'eft en vain qu'un mari murmure
> S'il prend le Cas pour une injure.

Je ne rapporterai pas non plus diverfes décifions que l'on trouve dans le Cocu imaginaire de Moliére parce que tout cela n'eft que fiction ; mais je rapporterai un éxemple très véritable dont voici le cas; La feuë Comteffe de Moret avoit été mariée en troifiéme nôces à Mr. de Vardes Gouverneur de la Capelle, & en avoit eu ce Mr. de Vardes, Capitaine de cent Suiffes, que le Roi de France envoya en Efpagne dès que fon mariage avec l'Infante fut conclû, pour complimenter de fa part

la

_____

* Voyez Livre fans nom pag. 33.

la future Reine ; cette Comtesse de Moret fut aussi mére du Comte de Moret bâ-
tard de Hen ri I V. qui fut tué proche de
Castelnaudary en l'année 1632. lors que
Mr. de Montmorancy fut pris en Langue-
doc ; c'est elle qui est célébre dans l'Eu-
phormion de Barclay sous le nom de Ca-
sina, il y est dit qu'elle fut aussi mariée
au Comte de Cesy Sancy qui depuis fut
envoyé Ambassadeur à Constantinople, &
on y voit la description d'un Contract de
mariage d'un homme qui veut bien être
Cocu, & qui promet & s'oblige à le souffrir ; clause qui fut éxecutée paisiblement
& sans aucun empêchement : Peut-être
cette Dame s'étoit-elle mal trouvée dans
ses mariages précédens de n'avoir pas pris
cette précaution dans ses Contracts. Cette précaution seroit d'autant plus juste &
plus raisonnable aux femmes des Eunuques
que ces hommes efféminez ne peuvent faire eux-mêmes ce qu'ils doivent ; Et ils
sont d'autant plus traitables sur cet article, que ne pouvant s'aquitter de leurs
devoirs, ils consentent, pour éviter les
plaintes & les reproches, qu'une femme
se satisfasse comme elle peut. Ils les y
portent même très souvent, & ils leur en
fournissent eux-mêmes les moyens quand
il en est nécessaire. Et s'il arrive quelquefois que leurs femmes ayent du pan-
chant au libertinage & à la débauche, ils
favorisent leur inclination & profitent de
leur prostitution. Témoin ce Didyme efféminé

féminé contre lequel * Martial a fait une
Epigramme si satyrique. C'a été le seul
Eunuque qui ait eu une femme, du moins
qui soit de ma connoissance. Et ce Didyme confirme ce que je viens de dire, car
il produisoit lui-même sa femme, & en
faisoit un infame commerce dans la vûë
de s'enrichir.

3. Il se rencontreroit beaucoup de femmes qui, de peur de tomber dans l'un ou
dans l'autre de ces deux extrémitez que je
viens de remarquer, ne voudroient jamais
s'engager dans le mariage sans avoir mis
à l'épreuve celui qui les rechercheroit, &
sans avoir mis en pratique le conseil qu'O-
vide † a donné aux Amans de tous les siécles, c'est à dire, de prendre garde, *unde
legat quod amet ubi retia ponat*; car pour suivre la même idée de ce Poëte,

Scit benè Venator, Cervis Ubi retia tendat.

Mais les femmes n'ont pas un pressen-
timent secret de la validité, ou de l'inva-
lidité d'un homme; Ainsi elles voudront
s'en assurer en personnes sages avant que
de serrer les nœuds d'un lien indissoluble;
ce n'est plus la coûtume de faire mettre
les hommes nuds avant que de solemniser
leurs mariages, Platon le vouloit ainsi*.
Ceux qui croyòient que c'étoit afin de voir
la beauté & la belle disposition d'un corps,
se trompent; ce n'étoit que pour voir à
l'œil

* Lib. 5. Epigr. 42. † Ovid. de certe Amandi. lib. 1.
§ Ibid. * Plat. lib. 10. de legib.

l'œil par l'inspection des parties si l'homme ne vouloit pas tromper une femme ; Cela étoit d'autant plus nécessaire que tout
le monde n'étoit pas , & n'est pas encore d'aussi bonne foi que le Pére de l'Empereur Galba , Suétone dit * qu'il étoit de
petite taille , & bossu , que cependant ,
Livia Ocellina fille belle & riche en étoit
amoureuse à cause de sa Noblesse , mais
qu'il se dévêtit , & lui montra l'imperfec-
tion de son corps , de peur qu'elle l'igno-
rant ne se trouvât trompée dans la suite.
Je ne sçai d'ailleurs si cette inspection suf-
firoit , car il y a peu de filles qui sçachent
à quoi il tient qu'un homme soit capable
d'être marié ; Ce n'est que par l'usage
qu'elles s'en instruisent ; † Mr. de Thou
rapporte que Charles de Quellenec , Baron de Pont en Bretagne , avoit épousé
Catherine de Parthenas , fille & héritiére
de Jean de Soubize , mais qu'il y avoit déja
quelque tems que la mére de sa femme lui
avoit fait un procès pour faire rompre son
mariage , sous prétexte qu'elle prétendoit
qu'il étoit impuissant ; Que son procès
n'étoit point encore terminé lors du Mas-
sacre de la S. Barthélemi , dans lequel il
fut tué , Que son corps ayant été jetté
comme les autres , devant le Louvre , &
exposé à la vûë du Roi , de la Reine , &
de toute la Cour , un grand nombre de
Dames qui n'avoient point d'horreur d'un
spectacle si cruel , & qui regardoient cu-
rieusement & sans honte , ces corps tout

F 6 nuds,

---

* In Galb. cap. 3.　† Thuan. Histor. lib. 52.

nuds, jettérent particuliérement les yeux
sur le Baron de Pont, & l'éxaminérent
avec soin pour voir si elles pourroient découvrir la cause ou les marques de l'impuissance qu'on lui avoit reprochée. Je doute
qu'avec toute leur application à examiner
ces objets elles en ayent été plus sçavan-
tes sur ce sujet. Les Dames Romaines ne
se contentoient pas de la vûë, elles ju-
geoient des hommes sur un témoignage
plus sûr, sur la force & sur l'adresse qu'ils
faisoient paroître dans les jeux publics.
Il ne falloit que cela pour être regardé
par une femme Romaine comme un hom-
me accompli. * *Sed gladiatorem fecit hoc illos
Hyacinthos;* ces précautions ne sont point
inutiles quand on songe que c'est pour
toute sa vie qu'on s'engage, car nous ne
sommes plus au tems qu'on faisoit des
Contracts de Mariage *ad tempus.* Comme celui que Mr. de Varillas § dit avoir vû
dans la Bibliothéque du Roi, fait entre
deux personnes de qualité du Comté d'Ar-
magnac, pour sept ans seulement, se ré-
servant néanmoins la liberté de le prolon-
ger s'il étoit trouvé à propos.

4. Il arriveroit que des femmes qui auroient eu trop de vertu pour commencer
leur mariage *ab illicitis,* & par un crime,
& qui ne pourroient demeurer toute leur
vie dans l'inaction près d'un phantôme de
mari, seroient contraintes de faire du va-
carme pour en être séparées. Une honnête

---

* Tacit. Annal. lib. 4. cap. 53.   † Plin. Epist. 18.
lib. 1. § Voyez Valesiana pag. 57.

te femme ne trouve fa confolation que dans
un époux , comme le difoit Agrippine à
Tibére lors qu'elle lui demandoit un mari; En effet, quand une femme n'eft point
honnête elle trouve fuffifamment hors du
mariage de quoi contenter la nature ; on
rencontre rarement des femmes de l'humeur de celles de Domitius Tullus dont
Pline fait l'hiftoire dans l'une de fes Epîtres, & qui eft rapportée avec des Réfléxions enjouées, * par Mr. Baylè dans l'article d'Afer. Ce qui eft rapporté dans le
Ménagiana eft affez le goût commun des
femmes. Il y eft dit que dans une compagnie d'hommes & de femmes , on s'entretenoit de l'air que devoient avoir un
homme & une femme pour être bien faits;
Quelqu'un dit que pour être bien fait un
homme devoit tenir de l'homme & fentir
fon homme , & que pour les femmes il
n'aimoit point celles qui étoient homaffes, & moi, reprit une femme auffi-tôt,
je fuis de vôtre fentiment , je n'aime point
les hommes efféminez. On peut ajoûter
pour Commentaire de ces paroles qu'elles
n'aiment point les maris , tels que celui
dont parle Mr. de la Fontaine.

*Qui mainte fête à fa femme alléguoit
Mainte vigile , & maint jour fériable :
Les autres jours autrement s'excufoit
Sans oublier l'Avent ni le Carême.*

*Vierge n'étoit , Martyr , ni Confeffeur
Qu'il ne chommât, tous les fçavoit par cœur , &c.*

Nous

* Diction. Hiftor. & Crit. 2. Edit. tom. 1. pag. 355.

Nous ne sommes plus au tems de Jean V.
Duc de Bretagne qui disoit * qu'il tenoit une
femme assez sage quand elle sçavoit mettre différence entre le pourpoint & la che-
mise de son mari. D'ailleurs, quand il y
en auroit encore de telles, il est certain
que plus elles sont grossiéres, & moins elles entendent raison sur ce chapitre. Lors
que la nature parle & que la raison ne la
retient point, elle veut être absolument
obéïe. Mr. de Varillas met en fait que
les femmes les plus spirituelles ont toûjours
été les plus faciles. † Torquato Tasso a
fait un discours exprès pour le prouver ;
Et Mr. de Voiture s'est plaint d'avoir souvent trouvé des Bergéres trop grossiéres
pour être trompées par un habile homme :
les plus fines entendent mieux raison. De
sorte que les grossiéres & les fines se laissent aussi difficilement tromper l'une que
l'autre, sur le chapitre dont il s'agit.

Je me suis étonné en lisant l'extrait que
Mr. Bernard a fait du Recueil des Traitez de Paix, &c. de voir qu'il y traite
de malheureuse Marguerite Duchesse de
Carinthie, a laquelle l'Empereur Louïs
de Baviére a accordé des lettres de divorce d'avec Jean fils du Roi de Bohême pour
cause d'impuissance ; voici ses termes.
,, La piéce, dit-il, est considérable......
,, par la maniére dont cette malheureuse
,, Prin-

---

* Bouchet Annales d'Aquitaine fol. 143. versò. Dans
Bayle Réponse aux questions d'un Prov. tom. 1. pag.
423. † Voyez l'Histoire des Ouvrages des Sçavans,
mois de Septembre 1687. pag. 109. & 110.

„Princeſſe explique qu'elle en a uſé, &
„par les ſoins qu'elle dit avoir pris pour
„faciliter à ſon mari les moyens de lui
„rendre les devoirs d'un véritable Epoux.
Il rapporte les termes dans leſquels la choſe eſt conçûë, mais il dit qu'il ne les traduit pas.

Puis que j'ai dit que je me ſuis étonné;
il eſt bon que je diſe auſſi la raiſon de mon
étonnement. D'un côté cette Epithéte
de *malheureuſe* ne peut pas avoir été donnée par Mr. Bernard à cette Ducheſſe,
pour avoir obtenu des lettres de Divorce,
car au contraire elle doit être réputée avoir
été bien heureuſe d'avoir été ſéparée d'un
homme impuiſſant; non ſeulement la juſtice qu'on lui a faite à cet égard, mais
encore la délivrance d'un joug ſi peſant
méritoit qu'on la qualifiât bien-heureuſe,
plûtôt que malheureuſe. Si Mr. Bernard
avoit parlé de cette Dame par rapport au
tems qu'elle étoit ſujette à ſon mari, il
auroit eu raiſon de la traiter de malheureuſe parce qu'elle l'étoit en effet; mais
il en parle par rapport au tems de ſa liberté, & en ce caſ elle avoit été malheureuſe, mais elle ne l'étoit plus. Mr. Bernard eſt un homme trop judicieux pour
avoir fait cette mépriſe; c'eſt donc parce qu'elle a oſé demander des lettres de
divorce, ſe plaindre de l'impuiſſance de
ſon mari, dire les raiſons qui la juſtifioient
& les moyens par leſquels elle s'en étoit
convaincuë, & par leſquels elle en per-
ſuadoit ſes Juges. Or Mr. Bernard eſt

trop

trop bon Théologien & trop bon Politique, & il fçait trop bien l'Histoire Ecclésiastique & Prophane pour ignorer que la Religion, la conscience, l'honneur & la pudeur, n'obligent point une femme qui n'a pas assez de courage naturellement pour souffrir le Martyre & pour se laisser mourir à petit feu, qui ne peut pas y suppléer par des souffrances volontaires & qui n'a pas la force de se mortifier par une longue & perpétuelle continence, à demeurer auprès d'un mari impuissant & incapable de lui rendre les devoirs de mari; s'il croyoit que la conscience & la Religion obligent une femme qui se trouve dans ce cas à y demeurer & à y garder un profond silence, il tomberoit dans l'Hérésie de ces Abeliens dont Saint Augustin réfute l'erreur dans le chapitre 87. de son Livre *des Hérésies.* S'il croyoit que l'honneur & la pudeur exigent d'elle cette patience outrée, il donneroit dans la vision de ces fanatiques qui croyent qu'il vaut mieux souffrir la mort que de découvrir à un Médecin, ou à un Chirurgien, une partie secrette qui seroit attaquée; & qui ont mis au nombre de leurs Saintes Marie fille de Charles le Hardy Duc de Bourgogne, mariée à l'Empereur Maximilien I. fils de Frideric III. Un cheval fougueux que l'on avoit donné à cette Princesse, la secoua & la fit tomber si rudement qu'elle en eut la cuisse rompuë; elle en mourut n'ayant pû gagner sur sa pudeur d'exposer le haut de la cuisse à la vûë

des

dés Chirurgiens & des Médecins qui apparemment l'auroient pû guérir. Mr. Bernard feroit donc bien de s'expliquer un
peu plus clairement au hazard de faire ses
extraits un peu plus longs ; car on peut
dire qu'il lui arrive quelquefois d'être fort
obfcur , parce qu'il veut affecter d'être
fort court. En attendant qu'il s'explique,
je veux lui faire la juftice de croire qu'il
n'a pas donné dans les fentimens que je
viens de remarquer , mais qu'il a donné
dans cette penfée de Mr. Boileau ; *

*Jamais la biche en rut n'a pour fait d'impuif-
        fance*
Traîné du fond des bois un cerf à l'Audience ,
Et jamais Juge entr'eux ordonnant le Congrès
De ce burlefque mot n'a fali fes Arréts.

Si cela eft , il n'a pas pris garde qu'on a
fait voir aux Moraliftes qu'ils fe trompent
fort lors que pour donner de la confufion
à l'homme fur fes défauts ils le conduifent
à l'école des bêtes ; je le prierois d'en
voir les preuves dans le Dictionaire de
Mr. Bayle , fi je n'étois averti qu'il ne lit
point les Ouvrages de cet illuftre Auteur.
Mr. de Beauval † pourra donc le détromper
fur ce fujet , & lui faire voir en particulier , que l'éxemple de la biche n'eft point
jufte , s'il veut fe donner la peine de lire
l'extrait que cet Ecrivain fçavant & judicieux a fait de ce Dictionnaire. Je dirai
                                    feu-

* Saty. 8. † Hift. des Ouvr. des Sçav. mois de Juillet 1696. pag. 506.

feulement , que fi cette Duchefle de Carinthie , dont Mr. Bernard parle , étoit
coupable , le corps de droit entier , mé-
riteroit d'être condamné ; il fournit aux
femmes des actions & des loix contre leurs
maris Eunuques , ou impuiffans , au lieu
que , felon la Théologie fcrupuleufe de
Mr. Bernard , il devroit réprimer l'incon-
tinence de ces femmes , & s'écrier contre celles qui oferoient fe plaindre.

CHAPITRE V.

Les Loix Civiles deffendent le mariage des Eunuques.

COmme le mariage d'un Eunuque ne
peut pas fubfifter , il a été de la prudence des Légiflateurs de ne point permettre qu'il fa contracté. L'honnêteté
publique , ni la Juftice , ne veulent pas
qu'on laiffe faire des chofes qu'elles ne
peuvent pas laifler fubfifter ; * *Dirimunt
matrimonium contractum , impediunt matrimonium contrahendum.* C'eft une maxime que
les Canoniftes qui ont écrit fur le chapitre unique *de Sponfalibus & Matrimonii*
ont folidement établie. † Elle eft conforme à la difpofition du Droit Civil , il deffend de faire les fiançailles avec les perfonnes

---

* Sext. Decretal. lib. 4. tit. 1.   † L. 60. ff. lib. 23.
tit. 2. de ritu nupt. §. 5.

fonnes entre lefquelles il empêche de contracter mariage. *Quamvis*, dit-il, *verbis
orationis cautum fit, ne uxorem tutor pupillam
fuam ducat, tamen intelligendum eft ne defponderi quidem poffe; Nam cum quâ nuptiæ con-
trahi non poffunt, hæc plerùmque ne quidem
defponderi poteft. Nam quæ duci poteft, jure
defpondetur;* l'argument eft à peu près pareil, *a Nuptiis permiffis ad fponfalia permiffa;
ab iifdem prohibitis ad eadem fponfalia interdi-
dicta; à matrimonio valido ad matrimonium
contrahendum; & ab eodem invalido ad idem
interdicendum.* Puis que le Contract de
mariage & les folemnitez qui fe font enfuite, ne font & ne marquent autre chofe qu'une promeffe qui eft faite entre deux
perfonnes, de fe rendre les devoirs de mari & de femme, il eft manifefte que ceux
qui ne peuvent pas fe les rendre ne doivent
pas fe marier, & que les mêmes raifons
qui diffoudroient le mariage s'il étoit contracté, doivent empêcher qu'on ne le
laiffe contracter en effet; L'Empereur
Leon qui a décidé nettement le cas *, eft
allé bien plus loin; car non feulement il
a deffendu aux Eunuques de fe marier,
mais même il a prononcé & donné une
peine contre ceux qui fe marieroient, &
contre celui qui les épouferoit; c'eft dans
la Conftitution 98. qui a pour titre, *de
pœna Eunuchorum fi uxores ducant*; Le motif de cette ordonnance eft très beau, c'eft,
dit-elle, que ce mariage n'étant rien de
réel, on ne peut férieufement l'accompagner

* §. fi adverfus Inftitut. de Nuptiis.

gner des Cérémonies Sacrées qui font une
partie de l'essence du mariage. Elle mérite d'être lûë toute entiére, & je la rap-
porterois sans en rien obmettre, si elle
n'étoit un peu trop longue par rapport à
la bréveté de cet Ouvrage; mais voici à
quoi elle aboutit, *propterea sancimus*, dit-
elle, *ut si quis Eunuchorum ad matrimonium
procedere comperiatur, & ipse stupri pœnæ ob-
noxius sit, & qui sacerdos istiusmodi conjon-
ctionem profanato sacrificio perficere ausus fuerit Sacerdotali dignitate denudetur.* * L'Histoire dit qu'Auguste mit ordre à la con-
fusion avec laquelle on avoit accoûtumé
de voir les Jeux, il assigna à chacun la
place qui lui étoit dûë, les hommes mariez entr'autres, ceux même de basse condition y avoient la leur. † Mais Martial
nous apprend que les Eunuques n'osoient
pas s'asseoir sur leurs bancs, ni se mêler
parmi eux. Voici comme il parle à Dydi-
me, qui d'un ton superbe parloit des *Edits*
de Domitien concernant les Théâtres, &
de l'espérance qu'il avoit qu'ils seroient
observez.

*Spadone càm sis eviratior fluxo
Et concubino mollior Celenæo,
Quem sectus ululat matris Entheæ Gallus,
Theatra loqueris & gradus & Edicta
Trabeasque & Idus fibulasque censusque,
Et pumicata pauperes manu monstras.
Sedere in equitum liceat an tibi scamnis
Videbo, Didyme: non licet maritorum.*

Ce

---

* Sueton. in August. cap. 44. † Liv. 5. Epigram. 42.

Ce Didyme avoit une femme, cependant on ne le confidéroit pas comme un homme marié, parce qu'il étoit Eunuque. La Conftitution de l'Empereur Leon n'étoit pas encore donnée, car on peut dire que depuis ce tems il n'y a point d'éxemple qu'aucun Eunuque ait eu la permiffion de fe marier, excepté celui de Saxe Gotha dont je parlerai dans la fuite. Toutes les Sociétez Eccléfiaftiques ne fe font pas contentées d'improuver & de blâmer ces fortes de mariages, elles les ont même expreffément deffendus.

CHAPITRE VI.

La Religion Catholique Romaine ne permet pas le mariage des Eunuques.

LA Religion Romaine qui confidére le mariage comme un Sacrement, n'a garde de permettre qu'on prophane un de fes Myftéres. Quelques éxemples authentiques que je rapporterai ferviront de preuves à cet égard.

Bernard Automne, Avocat célébre au Parlement de Bordeaux, rapporte dans la feconde partie de fa Conférence du Droit François avec le Droit Romain *, un cas

qui

* Pag. 513.

qui s'est présenté de son tems au Parlement de Paris sur ce sujet. Il fait d'abord quelques réfléxions sur le paragraphe *Spadonum* de la Loi *Pomponius*, qui est la sixiéme ff. *de Ædilitio Edicto*, & il trouve étrange, avec raison, qu'Ulpien qui est Auteur de cette Loi, décide qu'un homme auquel on a coupé un doigt de la main, ou du pied, soit malade, ou comme il s'exprime, *morbosus*, & qu'un Eunuque auquel la partie du corps la plus nécessaire manque, ne le soit pas. Il dit que cela le surprend, qu'il n'en voit pas la raison. Que la cause de la génération qui donne même le nom d'homme à la personne qui la porte, étant retranchée ce n'est plus un homme; qu'il lui semble que qui de vingt parties en retranche une fait moins de tort à la personne, que quand de deux il lui en ôte une. Aussi ajoûte-t-il, le Parlement de Paris a jugé par Arrêt du 5. Janvier 1607. en faveur de Claudine Godefroy, qu'il y avoit juste sujet de ne point contracter mariage, & de ne point passer outre à la célébration avec un homme avec lequel elle étoit fiancée, parce que les Médecins & les Chirurgiens assuroient dans leur rapport qu'il n'avoit qu'un testicule, quoi que même ils ajoûtassent qu'il pouvoit pourtant engendrer. Le célèbre Etienne Pasquier étant autrefois consulté sur un sujet à peu près pareil, répondit par cette Epigramme.

Est

Esse virum tota conjunx te pernegat urbe,
  Naturaque alio teste carere dolet.
Officiat ne thero sociali res ea, certè
  Nescio, at hoc scio quod te negat esse virum.
Contra probaturum jucundo tramite dicis,
  Gaudia conjugii mille peracta tibi.
Quid garris? Binos cùm saltem jura requirant
  Uno te ne virum teste probare potes.

Il pouvoit y joindre l'Epigramme 99. du Livre septiéme de Martial, qui finit par ce Vers si expressif.

Vis dicam verum, Pontice, nullus homo es.

Les Dictionaires de Furetiéie & de Trevou≈ disent au mot *Eunuque*, qu'il a été jugé par Arrêt de la Grand-Chambre du 8. Janvier 1665. qu'un Eunuque ne pouvoit pas se marier, du consentement même des Parties. Les Auteurs de ces deux excellens Ouvrages ont tiré cet Arrêt du Journal des Audiences. * & c'est encore ce même Arrêt qui est rapporté par Mr. Claude de Ferriére à qui le Public a l'obligation d'avoir mis en François la Jurisprudence Romaine, & de l'avoir conférée avec les Ordonnances Royaux, les Coûtumes de France, & les Décisions des Cours Souveraines. Il dit dans le tome prémier de sa Jurisprudence du Digeste,

---

* Liv. 6. ch. 2. † Voyez aussi l'Histoire des Ouvrages des Sçavans mois de Septembre 1690. art. 1. tom. 7. pag. 10. & suiv.

gefle, qu'un Eunuque reconnu pour tèl, ne peut pas contraindre un Curé à célébrer fon mariage avec une fille qui y confent.

Le chapitre dixiéme du Livre quatriéme des Arrêts d'Anne Robert, qui ne traite que de la diffolution du mariage pour caufe de frigidité & d'impuiffance, montre que c'eft une Jurifprudence conftante, que les Eunuques ne peuvent pas fe marier.

Sixte Cinquiéme fit autrefois une Bulle qu'il envoya en Efpagne, par laquelle il déclaroit nuls les mariages des Eunuques.

Mais voici un fait hiftorique qui eft décifif fur ce fujet. Il eft rapporté par le docte Mr. Strik, fils de l'illuftre & célébre Mr. Strik, Profeffeur en Droit à Halle, le véritable Papinien de nôtre fiécle. *
Il dit dans fa difpute *inaugurale* pour le Doctorat, dans laquelle il traite, *de matrimonii nullitate*, qu'étant en Italie il n'y a pas long tems, il a vû qu'un des principaux Muficiens du Duc de Mantouë nommé *Cortona*, ayant voulu époufer une fort jolie Muficienne qui étoit au fervice du même Prince nommée Barbaruccia, ils furent obligez d'en demander la permiffion au Pape qui la refufa abfolument & fans retour.

CHA-

CHAPITRE VII.

La Religion Luthérienne, ou de la Confession d'Augsbourg, ne permet pas le mariage des Eunuques.

LES Théologiens & les Jurisconsultes de cette Communion sont fort scrupuleux sur cette matiére, & leurs motifs sont très judicieux & très conformes à la raison & à la Religion.

Gerhard, l'un de leurs plus grands Théologiens & qui a réduit presque tous les Ouvrages de Luther en lieux communs, dit précisément dans le lieu *de conjugio* *, qu'il ne doit pas être permis à une femme d'épouser un Eunuque. Le motif qui le porte à prononcer cette décision, est que le mariage ayant pour but principalement d'engendrer lignée & de se procurer une postérité, il ne faut pas le laisser contracter à des gens qui ne sont point capables de parvenir à ce but, & tels sont, dit-il, les Eunuques & les Spadons. Que quoi que quelqu'un d'eux ayant encore un chrémastire puisse connoître une femme ils ne sont point propres au mariage; par-

G

ce

* S. 235. pag. 358,

ce que bien loin d'engendrer des enfans, ils ne sont pas même capables de satisfaire aux desirs d'une femme, ni d'étendre l'ardeur que la nature a allumée dans leur tempéramment. Le second motif de ce grand homme est, qu'une femme ne trouvant pas dans la personne de son mari la satisfaction qu'elle souhaite, elle tombe aisément dans le crime. Le troisiéme motif est qu'une femme est trompée par un phantôme de mariage, comme est celui d'un Eunuque; car soit qu'elle ait ignoré l'état de cet homme avant que d'entrer dans aucun engagement avec lui, soit qu'elle en ait eu connoissance, & qu'elle ait eu pour lors meilleure opinion de ses forces qu'elle ne devoit, il est certain qu'elle se trouve toûjours trompée. Or les Loix doivent prévenir ces sortes de cas, & non seulement conseiller des femmes téméraires, mais même les empêcher de s'exposer à un danger évident.

La délicatesse de ces Théologiens va si loin qu'ils ne permettent pas à un Hermaphrodite de se m ier, à moins qu'un séxe ne prévale si visiblement & si considérablement sur l'autre, qu'il n'y ait rien à craindre pour les suites de son enga gement; & si cet Hermaphrodite fait difficulté de se laisser examiner par des Médecins, des Chirurgiens & des Matrônes, il se rend suspect dés là, & toute permission de se marier lui est refusée.

C'est une maxime générale & constante parmi eux, que l'impuissance quelle qu'elle

qu'elle soit , & de quelque cause qu'elle procéde , rend un mariage contracté ,
nul, le résout, & empêche, lors qu'elle
est connuë auparavant, qu'on ne permet-
te de le contracter. Il y a néanmoins une
exception à cette régle générale, c'est que
si cette impuissance est survenuë depuis
qu'il est contracté , par quelque accident
que ce soit, elle ne le dissout point. Cela est fondé en Droit Civil , & en droit
Canon. * *Nihil enim tàm humanum esse videtur quàm fortuitis casibus mulieris maritum,
& contra uxorem viri , participem esse.* Le
Canon *quod autem* 27. *quæst.* 2. est positif &
précis . *impossibilitas coëundi*, dit-il, *si post
carnalem copulam inventa fuerit in aliquo, non
solvit conjugium ;* † *si verò ante carnalem co-
copulam deprehensa fuerit , liberum facit mulieri alium virum accipere.* C'est aussi le sentiment de Luther dans son Traité *de vita
conjugali* §.

La Jurisprudence Ecclésiastique , ou
Consistoriale de cette Communion est conforme à celle de leurs Théologiens. Carp-
zovius qui en est l'oracle en rapporte des
décisions dans la Jurisprudence Ecclésiastique , ou Consistoriale. * Le nombre
deuxiéme de la définition seiziéme du titre premier porte précisément ces mots,
non permittendum mulieri ut Eunucho nubat.
J'avouë que j'ai lû avec quelqu'étonne-
G 2 ment

---

*L. si dotem. 22. §. si maritus. 7. ff. solut. Matrimon.
† Can. quod autem.   § Tom. 2. Jenens. German.
fol. 156. 6.   * Lib. 2. tit. 1. de Matrimon. & Nupt.
definit. 16. & Tit. 11. definit. 200.

ment dans l'extrait que le fçavant Mr. de Beauval vient de nous donner d'un Livre de Mr. Brucknerus qui a pour tître, *Décifions du Droit Matrimonial*, * Que le cas s'etant préfenté à la Cour de S. A. E. de Saxe, un Eunuque Italien fon Chambellan ayant époufé une jeune fille qui étoit avertie de fon état, & du confentement de fon pére, quelques Théologiens entreprirent de troubler ce mariage comme nul & invalide, & que d'autres le prétendirent bon & valable; mais que le Souverain ayant vû les avis partagez, avoit confirmé le mariage fans tirer à conféquénce pour l'avenir. On peut dire au fujet de cette difcorde de fentimens entre les Théologiens de l'Electorat de Saxe, ce que ce même judicieux Auteur, Mr. de Beauval, dit ailleurs † en parlant des divers Conciles qui s'affemblérent au fujet de la Secte des Valéfiens; *Divers Conciles,* dit-il, *s'affemblérent là-deffus & augmentérent le defordre par la contradiction de leurs Decrets. Tant il eft vrai,* ajoûte-t-il, *à la honte de la raifon humaine, que la dévotion la plus bizarre & la plus ridicule, trouve des Deffenfeurs.* Il eft certain, à la honte de la raifon humaine, que les fentimens les moins raifonnables trouvent des gens qui les foûtiennent. Mais le cas que je viens de rapporter, eft un cas particulier qui ne l'emporte pas fur toutes les Décifions publiques

---

* Hift. des Ouvrages des Sçavans, mois de Février 1706. art, 7 pag 89. & fuiv. † Ibid. mois de Décembre 1691. art. 3. pag. 175.

bliques & générales, d'autant moins que le Prince même qui l'a autorifé a déclaré que c'étoit fans tirer à conféquence pour l'avenir. D'ailleurs, quand il l'auroit autorifé purement & fimplement il n'en feroit pas plus valide, & cette permiffion ne lui donneroit pas plus de force ; car par la difpofition du Droic, les mariages deffendus par les Loix ne font pas moins injuftes & illicites, quoi que le Prince ait permis par refcript, de les contracter, parce que ces mariages étans contraires aux Loix, le refcript qui a été obtenu portant permiffion de les contracter eft cenfé être fubreptice, & avoir été obtenu du Prince par furprife. * Voici les termes de la Loi. *Precandi quoque impofterùm fuper tali conjugio (Imò potiùs contagio) cunctis licentiam denegamus ut unus quifque cognofcat impetrationem quoque rei cujus eft denegata petitio, † nec fi per fubreptionem poft hanc diem obtinuerit, fibimet profuturam.*

Au refte, il auroit été fort à fouhaiter que Mr. de Beauval, qui nous rapporte ce cas, & qui raifonne avec tant de folidité & de juftefle fur toutes les matiéres qu'il traite, eut bien voulu nous dire fon fentiment fur cette célébre queftion du mariage des Eunuques; on a fait grace très fouvent à fa modeftie, j'en donnerai quelques preuves afin qu'on ne croye pas que je le charge mal à propos d'une obligation & d'une reconnoiffance qu'il ne doit point. Aprés, par éxemple,

G 3

qu'il

qu'il a donné un extrait fort éxact & fort
judicieux du Traité de la Nature & de la
Grace, de Mr. Jurieu, il les finit par ces
paroles humbles, † que, *comme cet Ouvrage*
est plein de Réfléxions très métaphisiques, on
lui pardonnera s'il a bronché quelque part.
Parle-t-il de la Réponse d'un nouveau Con-
verti a la lettre d'un Réfugié pour servir
d'adition au Livre de Dom Denis de Ste.
Marthe, intitulé, *Réponse aux plaintes*
des Protestans; après avoir raisonné en habile Politique sur cette matiére, il finit
par ces paroles modestes ; *mais rentrons*
dans les bornes de nôtre territoire dont nous
avons tant résolu de ne point sortir, & ne
faisons point de course dans la Politique sur
laquelle d'autres travaillent avec tant de succès.
Il s'excuse très souvent sous divers prétextes, comme on pourroit le voir par les
renvois que je mets à la marge *, & il s'excuse sous divers prétextes, & quoi qu'on
sçache qu'il est très capable de manier
adroitement les matiéres qu'il rejette par
humilité, on a fait grace, je le répéte,
on a fait grace très souvent à sa modestie.
Mais ici il n'a point d'excuse, il s'agit
d'une question qui est entiérement de son
ressort, à moins qu'il n'ait crû que le sujet

---

† Hist. des Ouv. des Sçav. mois de Novembr. 1687.
pag. 321. Ibid mois de Mai 1688. art. 4. pag. 35. Ibid.
mois de Juillet 1688. art. 10. Ibid mois de Septembre
1688. pag. 38. Ibid. Octobre 1688. art. 13. Ibid. Janvier
1689. pag. 473. Ibid. Février 1689. art. 4. Ibid. Mars
1689. art. 1. pag. 13. 16. Ibid. Février 1692. pag. 280.
Ibid. Août 1692. pag. 540. Ibid. Avril 1695. art. 5.

jet étant trop riche l'auroit engagé à sortir des bornes d'un extrait, & à faire un Traité complet. Peut-être qu'il a vû que c'étoit une matiére si rebattuë, qu'il n'étoit pas nécessaire de la présenter encore au Public dans cette occasion, dans laquelle il ne se propose que de faire l'extrait du Livre qui lui tombe entre les mains, & non pas de traiter à fond les sujets dont il s'y agit. En effet, il dit * que, *la question s'il est permis aux Eunuques de contracter mariage a été souvent agitée.* Il a raison en cela à certain égard. Il est vrai que Melchior Inchoffer a fait un Ouvrage *de Eunuchismo* qui a été imprimé à Cologne in 8. en l'année 1653. Nous avons la dissertation *de Eunuchis* de Gaspar Loischerus imprimé à Leipsik in 4. en l'année 1665. On a vû un Sermon Anglois de Samuel Smith sur la conversion de l'Eunuque du chapitre huitiéme des Actes des Apôtres, imprimé à Londres in 8. en l'année 1632. Il y a un Traité de *Franc. de Amoya, Baësici,* intitulé, *Eunuchus,* sur la Loi *Eunuchis. v. c. qui testamenta facere possunt,* & qui se trouve dans ses observations imprimées à Geneve in folio en l'année 1656. Il y a un Traité de Marcell. Francolinus *de Matrimonio spadonis utroque testiculo carentis,* imprimé à Venise in 4. en l'année 1605. Il y a un autre Traité *de Eunuchis,* de Theophile Raynauld, dont Mr. Bayle se sert souvent très à propos. La Lettre 112. de la Mothe le Vayer, qui se trou-

G 4

ve

ve dans le tome onziéme de ses œuvres, traite des Eunuques en général. Nous avons enfin la Dissertation de Saldenus *de Eunuchis*, qui est la sixiéme du Livre troisiéme de ses *Otia Theologica*. Et un Recueil de consultations & de décisions sur ce sujet, dont je parlerai dans la suite de cet Ouvrage. Mais je dirai pour ma justification, d'avoir entrepris de traiter de cette matiére après tant de grands hommes, & non pas pour réfuter ce que dit Mr. de Beauval, que la plûpart de ces Auteurs ne se trouvent plus que dans les Catalogues, ou dans les Bibliothéques, & que d'ailleurs, ils traitent des Eunuques en général, & descendent peu dans le détail. La question dont il s'agit ici y est entr'autres fort rarement & fort briévement traitée. On en voit quelque chose dans les Ouvrages des Jurisconsultes, des Médecins, & des Théologiens, on y trouve quelquefois des préjugez qu'ils ont rapportez ; mais outre que tout ce qui y est ainsi répandu est fort succinct, on ne peut point dire qu'on puisse en induire une Jurisprudence, ou une Théologie Casuistique certaine & universelle sur le mariage des Eunuques.

CHA-

CHAPITRE VIII.

La Religion Réformée ne permet pas le mariage des Eunuques.

IL n'est pas difficile de faire voir que la Religion Réformée ne permet pas le mariage des Eunuques. Il n'y a aucune autre Communion Chrétienne qui se soit déclarée aussi formellement qu'elle sur ce sujet, outre qu'il est tout à fait opposé à l'Esprit dont elle est animée, & à la Doctrine qu'elle professe, elle en a fait un Canon exprès de sa Discipline : Discipline que l'on sçait être le résultat, ou plûtôt la Quintessence de ses Synodes Nationaux. Cet article est le quatorziéme du chapitre treiziéme qui traite des mariages; voici quels en sont les termes.

Comme ainsi soit que la principale occasion du mariage soit d'avoir lignée & de fuir paillardise, le mariage d'un homme notoirement Eunuque, ne pourra être reçû ni solemnisé en l'Eglise Réformée.

Le célébre Mr. de Larroque qui a fait voir la conformité de cette Discipline avec celle des anciens Chrétiens, montre que telle étoit la Jurisprudence de l'Eglise primitive. J'avouë que cette Discipli-

ne

ne ne faifoit loi qu'en France , mais depuis que l'Edit de Nantes y a été révoqué , que les Réformez ont été con-
traints d'en fortir, & que la plûpart d'eux
fe font réfugiez dans le Brandebourg ,
Sa Majefté le Roi de Pruffe l'a autorifée
dans fes Etats pour ce qui concerne les
François qui y font établis * , & en a ordonné l'éxécution lors qu'on pourroit s'y
conformer fans donner atteinte à fes Droits
Epifcopaux ; de forte que c'eft une Loi
en Brandebourg parmi ces nouveaux Sujets, auffi facrée qu'elle l'étoit en France.
C'en eft une auffi parmi fes anciens Sujets, & parmi tous les Proteftans d'Alle-
magne. C'eft ce qu'on peut voir par un
Livre imprimé à Halle en l'année 1685.
& recueilli par Jérôme Delphinus , qui a
pour titre , *Eunuchi conjugium , Die Kapaunen
heyrath. Hoc eft fcripta & judicia varia de
conjugio inter Eunuchum & virginum Juvencel-
lam anno 1666. contracto , a quibufdam fu-
premis Theologorum Collegiis petita, pofteà hinc
inde collecta , ab Hieronimo Delphino C. P.
Halæ apud Melchiorem Delfchlagen 1685.*
Et par la Décifion donnée fur le cas que
j'ai rapporté dans le chapitre quatriéme de
la feconde Partie.

La République de Geneve a reçû la
même Jurifprudence, & divers cas qui s'y
font préfentez font voir qu'elle y eft ob-
fervée. Paul Cypræus dit dans fon excellent Traité *de Connubiorum jure* , ,, que cet-
,, te

* Voyez la Déclaration du Roi de Pruffe fur ce fujet
du 7. Decembre 1689.

„te sage République a une Loi qui def-
„fend aux hommes de se marier avant
„l'âge de dix-huit ans, & aux filles avant
„quatorze, & qu'il ne suffit pas de com-
„pter les années, mais qu'il faut avoir
„égard principalement à la vigueur du
„corps & du tempéramment, en ces ter-
„mes, * *Qu'avec l'âge on ait égard à ce que*
„*la corporence portera.* Il est vrai que les
Rélations du Levant nous apprennent,
que les Banians Gentils de ce Païs, estiment tellement la conjonction matrimo-
niale, qu'ils se marient presque tous dès
l'âge de sept ans; & elles ajoûtent, que
s'ils meurent, comme il arrive quelquefois, avant que d'être mariez, la coûtume est de louer & de gager une fille qu'ils
font coucher avec le mort pour lui donner
cet avantage d'avoir été marié avant que
son corps fut brûlé selon la coûtume du
Païs. Mais Mr. le Vayer fait diverses réfléxions qui font voir que cette coûtume
n'est pas tout à fait vaine, & que s'ils se
marient à sept ans, ils sont capables du
mariage autant que d'autres Peuples le
font dans un âge plus avancé. La diverse
position des lieux, dit-il, rend nos tem-
pérammens si différens en toutes choses,
que Solin nous fera considérer des femmes qui deviennent grosses d'enfant à cinq
ans. Beato Odorico le confirme dans son
Itineraire; & l'on a vû depuis peu de tems
dans le Royaume du Mogol une fille âgée
G 6   de

---

* Chap. 9. §. 2. num. 13.   † Voyez les Oeuvres de
Mr. le Vayer Homelie Académique, Homel. 2.

de deux ans seulement qui avoit le sein gros comme une nourrice , & qui ayant eu ses purgations un an après , accoucha d'un garçon.

La même Jurisprudence Ecclésiastique est établie en Angleterre comme il paroît par le chapitre septiéme du titre *de matrimonio** dans la Réformation des Loix Ecclésiastiques , faite prémiérement de l'autorité de Henri VIII. & achevée & publiée ensuite par Edouard VI. , ce chapitre traite , *de his quæ matrimonium impediunt* ; & voici ses termes, *Quorum natura perenni aliqua Clade sic extenuata est , ut prorsus veneris participes esse non possint , & conjugem lateat quamquam consensus mutuus extiterit & omni reliqua ceremonia matrimonium fuerit progressum , tamen verum in hujusmodi conjunctione matrimonium subesse non potest , destituitur enim altera persona beneficio suscipiendæ prolis & etiam usu conjugii caret.*

Les Théologiens de Hollande & leurs Jurisconsultes distinguent , de même que tous les autres , les causes qui empêchent le mariage , en deux classes , *alia,* disent-ils , † (*impedimenta*) *à lege* ; *Illa sunt ætas immatura , mentis impotentia , corporis ad cohabitationem incapacitas ; Ista sunt a morbo incurabili , ut ex. gr. lepra ; à Culpa , à diversitate Religionis , a propinquitate sanguinis.* J'avouë pourtant que Voëtius qui est un des plus grands hommes qui ait été

dans

---

* Impress. Londini in 4. ann. 1640. pag. 40. 41.

† Voëtii Polit. Ecclesies pars prima lib. 3. Tractat. 1; de matrimonio lectio 2. cap. 1. quæst. 3.

dans les Provinces Unies depuis plusieurs
siécles, me paroît hésiter sur le parti qu'il
doit prendre au sujet du mariage des Eunuques. Il ne se détermine point à la vérité, & renvoye l'éxamen de ces sortes de
questions aux Jurisconsultes & aux Juges
auxquels il dit que la connoissance en appartient plus légitimement qu'aux Théologiens. Ce sont donc eux qu'il faut consul-
ter, & comme le Droit Civil & le
Droit Canon sont observez dans ces Provinces, au moins dans les cas qui ne sont
pas déterminez par leurs Loix & par leurs
Coûtumes, il est aisé de conclurre que le
mariage des Eunuques n'y est point permis. Voici en un mot les cas, qui selon les Jurisconsultes, empêchent de contracter mariage.

Lepra superveniens, furor, ordo, sanguis &
    absens,
Læsaque Virginitas, membri damnum, mi-
    nor ætas,
Ac hæresis lapsus, fideique remissio, prorsus
Sponsos dissocians & vota futura retractant.

Fin de la seconde Partie.

TROI.

* Voyez de l'usage & de l'autorité du Droit Civil
dans les Etats des Princes Chrétiens traduit du Latin
d'Arthurus Duck Iurisconf. Angl. liv. 2. pag. 234.

TROISIÉME PARTIE.

Dans laquelle on répond aux objections qui peuvent être faites contre ce qui est contenu dans la seconde Partie de cet Ouvrage; & dans laquelle on les réfute.

CHAPITRE PREMIER.

Première Objection.

Que la deffense de se marier ne doit point être générale & commune à tous les Eunuques, parce qu'il y en a qui font capables de fatisfaire aux defirs d'une femme.

Réponse à cette Objection.

Pour éxaminer cette Objection & pour y répondre avec ordre, il faut voir premiérement, de quelle nature font ces defirs auxquels un Eunuque eft capable

ble de satisfaire , s'ils sont légitimes &
permis ; & en second lieu , quels Eunuques sont capables de satisfaire à ces desirs.

Arnobe * dit que les Eunuques sont fort
amoureux , *& majoris petulantiæ fieri atque
omnibus postpositis pudoris & verecundiæ fræ-
nis in obscænam prorumpere vilitatem*; Térence le dit en d'autres termes , *Ph. insanis*,
dit-il , † *Qui isthuc facere Eunuchus potuit. P.
Ego illum nescio qui fuerit , hoc quod fecit ,
res ipsa indicat.... P. At pol ego amatores
mulierum esse audieram eos maximos , sed nihil
potesse.* Mais pour ne point alléguer des
témoignages si anciens , le P. Théophile
Raynauld dit dans son Livre *de Eunuchis* ,
qu'il a lû quantité d'exemples de commerce impur entre des femmes & des hommes mutilez , & il se moque de la confiance qu'on a en eux. André du Verdier
dit la même chose dans ses diverses le-
çons , à propos de quoi il rapporte la Sentence d'Apollonius de Tyanée contre un
Eunuque du Roi de Babylone qui fut
trouvé couché avec une des favorites de
ce Roi. Cependant , il est certain qu'un
Eunuque ne peut satisfaire qu'aux désirs
de la chair , à la sensualité , à la passion ,
à la débauche , à l'impureté , à la volupté , à la lubricité. Comme ils ne sont
pas capables d'engendrer ils sont plus propres au crime que les hommes parfaits ,
& ils sont plus recherchez par les femmes
débauchées , parce qu'ils leur donnent le
plai-

* Lib. 5. † Terent. Eunuch. Act. 4. scen. 8.

plaisir du mariage sans qu'elles en courent
les risques.

> * *Sunt quæ Eunuchi imbelles ac mollia semper*
> *Oscula delectent & desperatio barbæ*
> *Et quod abortivo non est opus.*

† Témoin cette femme de Petrone qui
parlant à un homme qui fait cet aveu, *non*
intelligo me virum esse , non sentio , funerata est
pars illa corporis quâ quondam Achilles eram,
s'exprime en ces termes, *Nunc etiam lan-*
guori tuo gratias ago, in umbra voluptatis diu-
tiùs lusi. Cette femme étoit du caractére
de cette Gellia contre laquelle Martial a
fait cette sanglante Epigramme adressée à
Pannicus, §.

> *Cur tantum Eunuchos habeat tua Gellia, quæris?*
> *Pannice , vult fu..... Gellia , non parere.*

C'est cette Gellia dont Martial fait ailleurs un si vilain portrait ; & des larmes
de laquelle il parle de cette maniére,

> *Amissum non flet , cùm sola est Gellia , patrem.*
> *Si quis adest , jussæ prosiliunt lacrymæ.*

§ L'Ecclésiastique dit, que celui qui viole
la Justice par un jugement injuste , est
comme l'Eunuque qui veut faire violence
à une jeune vierge. On sçait qu'il y a eu
autrefois des Païs où les Princesses vier-
.ges

---

* Iuvenal. Satyr. 6. v. 366. † Cap. 89. § Liv. 6.
Epigr. 67. † Lib. 1. Epigr. 34. § Ch. 20. v. 2. 3.

ges étoient confiées à la garde des Eunuques. Le Sage compare la Justice à une de ces vierges, & les Juges à ceux qui auroient dû la garder avec une fidélité pleine d'un profond respect. Quelques Eunuques sont donc capables de satisfaire à quelques desirs d'une femme, mais tous ces desirs sont illégitimes & ne peuvent point être permis dans le mariage, *obscœnæ procul hinc discedite flammæ!* *Une femme qui a ces desirs est une paillarde, & un Eunuque qu'elle souffre dans son lit est l'instrument de son crime. Voici la Sentence qui les déclare coupables l'un & l'autre; † *origo quidem amoris honesta erat, sed magnitudo deformis; nihil autem interest ex qua honesta causa quis insaniat; unde & Xistus Pithagoricus in sententiis; Adulter est, inquit, in suam uxorem amator ardentior; In aliena quippe uxore omnis amor turpis est, in sua nimius. Sapiens judicio debet amare conjugem, non affectu; non regnet in eo voluptatis impetus, nec præceps feratur ad coitum; nihil est fœdius quàm uxorem amare quasi adulteram.* Saint Jérôme prononce leur condamnation plus clairement & plus expressément; *Liberorum ergò*, dit-il, *in matrimonio concessa sunt opera; voluptates autem quæ de meretricum amplexibus capiuntur in uxore sunt damnatæ.* Les Casuistes décident même fort précisément, que les mariages qui se font par amourette, comme on parle, sont très blâmables. Les mariages déréglez, disent-ils,

* Ovid. Metamorph. lib. 9. † Cauf. 32. quæst. 4. c. origo. & c. liberorum ergò.

sent-ils, ont été la cause du déluge ; § les fils de Dieu voyans que les filles des hommes étoient belles, prirent celles d'entr'elles qui leur avoient plû ; ces mariages furent cause de la ruine de toute la terre.

Le desir légitime & permis d'une femme est d'avoir des enfans. * Donnez moi des enfans, disoit la chaste Rachel à Jacob son mari. Didon se voyant sur le point d'être abandonnée de son Ænée, lui parle en ces termes, †

Saltem si qua mihi de te suscepta fuisset
Ante fugam soboles, si quis mihi parvulus aulâ
Luderet Æneas, qui te tantum ore referret
Non equidem omninò capta aut deserta viderer.

Je veux être mére, je veux engendrer des enfans, & c'est pour cela que j'ai pris un mari, c'est là le langage d'une femme honnête & sage : & bien loin que, selon les régles de la fausse pudeur de certaines gens, elle soit blamable, lors qu'elle se plaint de ce que son mari n'est pas capable de satisfaire à ses justes desirs, & qu'elle demande d'en être séparée, elle est au contraire très digne de louanges de ne pouvoir se résoudre à faire toute sa vie les actions d'une impudique ; § *volo esse mater, volo filios procreare & ideò maritum accepi, sed vir quem accepi frigidæ naturæ est, & non potest illa facere propter quæ illum accepi.* C'est là

là le but légitime du mariage. Il eſt vrai
qu'on n'y parvient pas toûjours ; il y a des
femmes ſtériles, mais on n'en ſçait pas la
cauſe ; il ne manque rien à elles, ni à leurs
maris, de ce qu'il faut pour engendrer,
l'un n'a rien à reprocher à l'autre, c'eſt
à Dieu qu'ils doivent demander des enfans : ils ſont dans le cas de * Jacob, qui
diſoit à ſa femme lors qu'elle lui demandoit des enfans, *ſuis je Dieu ?* Quoi qu'il
en ſoit, lors qu'on ſe marie, il faut ſui-
vre le conſeil que l'Ange Raphael donnoit
à † Tobie, ,, Ecoutez-moi, lui dit-il, &
,, je vous apprendrai qui ſont ceux ſur qui
,, le Démon a du pouvoir ; lors que des
,, perſonnes s'engagent tellement dans le
,, mariage qu'ils banniſſent Dieu de leur
,, cœur, & de leur eſprit, & qu'ils ne
,, penſent qu'à ſatisfaire leur brutalité com-
,, me les chevaux & les mulets, qui ſont
,, ſans raiſon, le Démon a pouvoir ſur eux.
,, Mais pour vous la troiſiéme nuit vous
,, recevrez la bénédiction de Dieu, afin
,, qu'il naiſſe de vous deux des enfans dans
,, une parfaite ſanté. La troiſiéme nuit
,, étant paſſée vous prendrez cette fille dans
,, la crainte du Seigneur, & dans le deſir
,, d'avoir des enfans, plûtôt que par un
,, mouvement de paſſion, afin que vous
,, ayez part à la bénédiction de Dieu.

Tous les Eunuques ne ſont pas capables
de ſatisfaire même à ces deſirs impurs dont
je viens de parler ; les Juriſconſultes diſ-
tinguent les Eunuques. *Quantùm inter eſt,*
di-

* Genes. ch. 30. v. 1. § Tobie ch. 6. v. 16. & ſuiv.

disent ils, *inter hæc vitia quæ Græci*, κακοή-
θειαν, *vitiositatèm dicunt*, *interque* παθος *id est*
perturbationem, *aut* νόσ ν, *id est morbum*, *aut*
ἀρρωςιαν , *id est ægrotationem* , *tantùm inter*
talia vitia & eum morbum ex quo quis minus
aptus usui sit , *differt* ; les uns péchent en
quantité d'humeur radicale , d'autres en
qualité , d'autres en quantité & en qualité tout ensemble ; & enfin , *sin autem quis*
ita spado est ut tàm necessaria pars corporis ei
penitùs absit, morbosus est , dit la Loi 7. ff.
de Ædilitio Edicto & Redhibitione, *& quan-*
ti minoris. Mais de quelque nature qu'ils
soient , il ne leur doit point être permis
de se marier , parce qu'ils ne peuvent satisfaire qu'à des desirs impurs, illégitimes,
illicites , & qui bien loin d'être approu-
vez , ne doivent pas même être tolérez.

CHAPITRE II.

Seconde Objection.

Le mariage est un Contract civil, par lequel il est permis à tout le monde de s'engager.

Réponse à cette Objection.

IL y a plusieurs causes pour lesquelles le mariage ne peut être contraint; les Jurisconsultes en ont renfermé les principales dans ces trois Vers;

Votum, vis, error, cognatio, crimen, honestas,
Relligio, raptus, ordo, ligamen & ætas,
Amens, affinis, si Clandestinus & impos.

Mais il faut entrer dans un éxamen plus particulier de cette matiére qui est digne d'attention;

C'est un principe en droit, que *Edictum Matrimonii est prohibitorium*, c'est à dire, que *Matrimonium cuilibet contrahere licet, cui non prohibetur.* Il n'est donc pas si généralement permis qu'il n'y ait des cas & des personnes auxquelles il soit deffendu.

Les

Les caufes qui empêchent le mariage font en aflez grand nombre & de diverfe nature. Les unes font tirées également du Droit Civil, & du Droit Canon ; les autres émanent uniquement du Droit Civil, & les autres font établies particulièrement par le Droit Canon.

Celles qui font communes à l'un & à l'autre droit, font l'âge de puberté qu'on n'a point atteint ; la parenté, l'alliance, la différence de Religion, l'impuiffance du mari, ou de la femme, & l'honnêteté publique ;

Celles qui font particuliéres au Droit Civil, font l'état de la perfonne, fi elle eft efclave & qu'on ait crû qu'elle étoit libre ; le rapt, la puiffance qu'on a fur la fille, *propter periculum impreffionis five coactionis* ; l'inégalité du rang étoit aufli autrefois une caufe qui empêchoit le mariage, mais elle a été retranchée dans le Droit Civil nouveau, c'eft à dire, par les Conftitutions des derniers Empereurs. *Jure noviffimo inter eas perfonas nuptiæ non prohibentur.* *

Celles enfin qui font particuliéres au Droit Canon, font de deux fortes, les unes déclarent le mariage illégitime & inutile tout enfemble, tels font les ordres facrez qu'on a pris, le vœu folemnel qu'on a fait, ou la profeffion d'une vie réguliére, le rapt, & le crime ; les autres le rendent illégitime feulement, telles font les fiançailles contractées avec une autre femme ;

* Novell. 78. cap. 3. Novell. 117. cap. 6.

me ; le fimple vœu, la deffenfe du Supé-
rieur ; le tems deffendu par l'Eglife ; la
parenté fpirituelle qu'un maître contracte
en enfeignant à une jeune fille les principes de la Religion ; l'héréfie, la péniten-
ce publique, & le crime : ce crime dont
le Droit Canon parle ici a diverfes efpéces. 1. L'incefte. 2. La mort qu'un mari a donné à fa femme pour en époufer une
autre. 3. La mort donnée à un Prêtre ;
le rapt fait de la promife d'un autre. 4.
Un mariage contracté auparavant avec une
Moineffe, ou une Religieufe.

Voila donc beaucoup de caufes qui empêchent de contracter mariage, de forte
qu'on ne peut pas dire qu'il foit permis à
tout le monde, & toûjours, de le Contracter. L'impuiffance du mari eft une des
principales, auffi eft-elle également établie par le Droit Canon, comme je l'ai
fait voir amplement dans la feconde partie de cet Ouvrage.

Cette Jurifprudence n'eft pas particuliè-
re aux Contracts de mariage, elle s'étend
aux accords, aux Pactes, & à toute forte de Contracts ; *Edictum Contractuum eft
prohibitorium*, c'eft à dire, *omnibus contrahere licet quibus non prohibetur* ; mais il eft
défendu à certaines gens de contracter.
1. Par la nature, lors qu'ils ne font point
capables de donner leur confentement,
tels font les fous, les innocens, les furieux, les prodigues, qui font mis au même rang que les furieux : les yvrognes
pendant qu'ils font yvres ; les enfans en
bas

bas âge, les sourds & les muets. 2. Par la Loi, tels sont les fils de famille ; le pére même auquel il n'est point permis de contracter avec son fils qui est sous son pouvoir ; une femme, un esclave, un Gouverneur de Province, *propter periculum metus & impressionis.* * 3. Par les hommes, *ab homine,* par convention faite entr'eux, par éxemple, Mævius a vendu son cheval à Titius à condition qu'il ne le revendroit point, ou que s'il le revendoit ce ne pourroit être qu'à certaines personnes, il n'est pas permis à Titius de le vendre à une autre. Mævius, en le lui vendant lui a imposé la loi, *Rei enim suæ quisque moderator est, & arbiter ; Rei suæ legem quisque dicere potest.* 4. Enfin, par les Coûtumes des lieux où l'on se trouve, par éxemple, *Donationem contrahere conjuges prohibentur ne promercalis inter eos amor fiat,* &c.

Il est des choses comme des personnes, il n'est pas permis de contracter de toute sorte de choses ; il y en a dont la nature défend de contracter, d'autres, la Loi, & d'autres les accords faits entre les hommes ; les choses Sacrées, Religieuses & Saintes, sont d'une nature à n'entrer jamais dans le commerce des hommes ; un homme libre, *liberi hominis contractus non est.* Les choses impossibles. Certaines choses sont deffendues par la Loi, telles sont celles par lesquelles le Public recevroit du préjudice ; *ex quibus utilitas publica læderetur.*

* L. in re mandata cod. mandati.

tur. Les choses infames & mal-honnêtes qui sont contre les bonnes mœurs. La succession d'un homme vivant, *contractus de futura successione viventis. Ab homine.* Par accord fait entre les hommes, par éxemple, *si quis caveat ne vicinus quærat aquam in suo solo.* C'est donc une erreur de croire qu'il soit permis à tout le monde de contracter ; il est encore moins permis à tout le monde de contracter mariage. On dit communément que le Contract est le pére de l'obligation, *vulgò dicitur contractus pater obligationis, mater verò actionis, obligatio,* Tous ceux qui contractent sont tenus de donner ou de faire ce qu'ils ont promis, *omnis obligatio vel in dando vel in faciendo consistit, ac demùm,* disent les Jurisconsultes, *nisi quis id, aut det, aut faciat quod daturum se facturumve promisit, actione coram Magistratu proposita, ad id cogi potest ;* sans cela ce seroit un Contract frustratoire & ridicule. Comment un Eunuque peut-il s'obliger à procréer lignée ? Et quand il s'y seroit obligé, comment pourroit-on le contraindre à éxécuter sa promesse ? Tout cela est impossible ; or *ex sui natura res quæ nec dari nec fieri ullo modo potest, in contractum deduci non debet ; impossibilium enim nulla est obligatio ;* voila la régle de Droit ; * *sub conditione data, non data censentur, cessante conditione ; itaque deficiente conditione contractus celebratus censetur resolutus ab ipso initio.* † On se marie sous la condition que le ma-

H   ri

---

* L. 10. l. 14. de adim. legat.   † L. 8. in princip. ff. de pericul. & commot. rei vendit.

ri engendrera lignée, s'il ne peut l'engendrer le mariage est nul & résolu. L'honnêteté publique veut donc qu'on l'empêche, & il vaut mieux le deffendre, que d'être obligez ensuite à le casser, comme je l'ai fait voir ailleurs.

CHAPITRE III.

Troisiéme Objection.

Un Eunuque pouvant remplir tous les devoirs du mariage, excepté ceux qui concernent la génération, peut le contracter, parce que, consensus non concubitus matrimonium facit.

UN * sçavant homme & bel esprit tout ensemble dit, qu'il faut sur tout qu'un homme sçache son métier ; car, ajoûte-t-il, il est honteux qu'on dise de nous, que nous sçavons tout excepté ce que nous devons sçavoir. On peut dire qu'il est ridicule de prétendre qu'un mari soit un bon mari, remplissant bien les devoirs
du

* Vigneuil Marville tom. 1. pag. 176.

du mariage , lors qu'il n'eſt pas capable
d'en faire les principales fonctions. Il
n'eſt pas d'un mari comme de ce bouffon
dont le Cardinal du Perron a parlé. ✳ Erant
à Mantoüe le Duc lui fit voir un bouffon
qu'il diſoit être *Magro Buffone* , *& non
Haver Spirito.* Le Cardinal répondit que
ce bouffon avoit pourtant de l'eſprit, & le
Duc lui ayant demandé pourquoi ? Parce,
lui dit-il, qu'il vit d'un métier qu'il ne ſçait
pas faire ; le métier de mari n'eſt pas la
même choſe, on n'en vit point, lors qu'on
ne le ſçait pas faire ;

† *Nihil ibi per ludum ſimulabitur , omnia fient
Ad Verum.*

Quand cela n'eſt point une femme ſouffre
beaucoup , une nuit lui paroit bien lon-
güe ,

§ *O nox quàm longa es quæ facis una ſenem !*

Témoin les angoiſſes & les ſueurs froides
de cette femme dont parle Martial ✳,

*Cum ſene communem vexat ſpado Dyndimus
Eglen
Et Jacet in medio ſicca puella toro ,
Viribus hic operi non eſt , hic utilis annis.
Ergo ſine effectu prurit uterque prior.
Supplex illa rogat pro ſe miſeriſque duobus ,
Hunc Juvenem facias, hunc Cytherea virum !*

H 2   Ce

✳ Perronianapag. 44.   † Juven. Satyr. 6. v. 324.
625. § Martial. Epigr. 7. lib. 4.   ✳ Lib. 11. Epigr. 82.

Ce n'est donc pas dans la pratique qu'on trouve la vérité de cette maxime , * *Consensus non Concubitus matrimonium facit.* Voyons en quel sens, & de quelle maniére on la trouve dans la Théorie.

Les Jurisconsultes mettent une grande différence entre le consentement qui se donne aux fiançailles, & celui qui se donne aux nôces ; l'un ne consiste qu'a promettre de célébrer les nôces , & l'autre consiste à promettre qu'on consommera le mariage. † *Aliud est*, disent-ils, *Nuptiæ contrahere , aliud ad Nuptias contrahendas se se obligare.* L'un de ces consentemens fait une paction , *de futuro conjugio.* L'autre au contraire en fait une *de præsenti.* Dans l'un ce n'est qu'une promesse *de accipienda uxore*; Dans l'autre c'est l'éxécution de cette promesse, *uxor accipitur. Promissio prius facta verbis , rebus ipsis , & factis ratificatur.* Il y a autant de différence entre ces deux consentemens , qu'il y en a entre la promesse & l'éxécution. Dans l'un l'homme ne consent pas d'être aussi-tôt mari & de consommer le mariage , il promet seulement de le devenir. Mais dans l'autre, l'homme *eo ipso momento maritus fieri vult, & eo animo & destinatione consentit ut sit matrimonium.* Il promet de le consommer ; c'est au premier de ces deux cas qu'il faut appliquer la maxime dont il s'agit ici.

Mais voici le sens véritable de cette maxime , & l'application qu'il en faut faire.
Elle

* L. 30 ff. de divers. Regul. jur.   † L. si pœnam ff. de verbor. obligationib.

Elle fignifie que la fimple cohabitation ne fait point l'effence du mariage ; il ne fuffit pas d'avoir connu charnellement une femme pour en conclure qu'on eft marié avec elle , le confentement de l'un & de l'autre d'être marié enfemble, eft abfolument néceffaire. Ce confentement n'eft point celui que ces deux perfonnes fe donnent mutuellement de fe connoître l'une l'autre , *confenfus cohabitandi & individuam vitæ confuetudinem retinendi facit conjugium ,* felon le fentiment des Jurifconfultes ; ce n'eft donc ni le confentement feul , ni la cohabitation feule , qui font féparément le mariage , c'eft l'affemblage de tous les deux. D'ailleurs , le confentement dont il eft ici queftion , *ad Nuptiarum probationem , fed non ad Nuptiarum fubftantiam , pertinet.* Le but de cette maxime n'eft pas de déclarer en quoi confifte l'effence du mariage , mais à quel tems il faut le fixer , & de quel moment il faut compter qu'il eft contracté. *Non ex concubitu nuptiæ fatis probantur , ficuti & retrò fecubitu matrimonium non diffociatur , feu feparatione Thori aut habitationis.* Ces unions & ces féparations ne concluent rien ; il y a des conjectures plus certaines établies par les Jurifconfultes pour juger de la confommation du mariage ; ils les tirent *ex comparatione perfonarum , ex vitæ conjunctione , ex vicinorum opinione , ex deductione in domum mariti ; ex aquæ & ignis acceptione , ex dotalibus inftrumentis , feu tabulis nuptialibus , feu teftatione,* ce qui , au rapport de Busbeque , fait par-

mi

mi les Turcs, la différence de la femme
& de la concubine. Mais tout cela n'est
point l'effence du mariage, ce font des
conjectures, ou des preuves, par lefquelles on peut juger qu'il y a un mariage
contracté entre certaines perfonnes. Si le
mariage ne confiftoit que dans le confentement on pourroit bien dire comme cette femme qu'Ovide fait parler,

Si mos antiquis placuiffet matribus idem,
*   Gens hominum vitio deperitura fuit.*
Qui que iterùm faceret generis primordia noftri
*   In vacuo lapides orbe parandus erat.*

CHA

CHAPITRE IV.

Objection quatriéme.

Quand on ne peut pas être au-près d'une femme comme mari, on doit y être comme fré-re, & habiter avec elle comme avec une sœur.

Réponse à cette Objection.

CEtte objection est fondée sur le cha-pitre *Laudabilem est infrà* *, qui contient ces mots, *quod si ambo consentiant simul esse, vir etiam & si non ut uxorem, saltem habeat ut sororem,* la glose sur ces mots *ambo,* dit précisément qu'il faut que l'un & l'autre consentent, *quia cum nullum sit matrimonium non tenetur alter alteri.*

Deux réflexions détruiront l'objection fondée sur ces paroles. La prémiére, qu'elles sont rélatives à la faculté qui est donnée à la femme de faire résoudre son mariage, après que pendant un certain tems elle s'est assurée de l'impuissance de son mari ; elle peut faire casser son maria-

H 4 ge,

* Capitul. 5. Decretal. lib. 4. tit. 15. de Frigidis & Maleficiatis.

ge, à moins que l'un & l'autre ne veuil-
lent bien habiter enſemble comme frére
& ſœur. Il paroît donc par là qu'il s'agit
d'un mariage contracté, & non pas d'un
mariage à contracter. Qu'il s'agit d'un
homme reconnu impuiſſant après une longue expérience, & non point d'un Eunuque qui eſt notoirement impuiſſant, &
qui ne peut par aucun reſſort de la nature, ni par aucun artifice de l'art devenir
jamais capable d'engendrer.

La ſeconde réfléxion conſiſte en ce qu'il
faut que l'une & l'autre des parties con-
ſente de reſter enſemble ſur ce pied de
frére & de ſœur; ce qui montre qu'il n'y
a plus de lien entr'eux; que le premier conſentement qu'ils ont donné à leur union
n'ayant pas produit l'effet pour lequel il
avoit été donné, il eſt naturellement &
ipſo facto révoqué. Qu'il en faut un nouveau donné ſur connoiſſance certaine de la
perſonne; qu'alors ce n'eſt plus un mariage, mais une union de ſupport qui ne peut
être qu'onéreuſe à la femme; car enfin,
le doux nom de ſœur n'eſt pas capable de
conſoler de la perte des avantages de la
qualité de femme. Quand on eſt une fois
marié on ne s'aime plus qu'entant qu'on
eſt mari & femme. Comme cette Biblis
dont Ovide nous fait l'hiſtoire, une femme n'aime point d'être appellée ſœur par
un homme qui tient lieu de mari.

* Jam Dominum appellat , jam nomina sanguinïs
   odit.
Biblida , jam mavult , quàm se vocet ille sororem.

En un mot, cette objection tombe d'elle-
même , puis qu'elle ne concerne que des
mariages contractez avec des hommes re-
connus impuiſſans par l'uſage ; & qu'il s'a-
git ici de ſçavoir s'il doit être permis à des
Eunuques connus pour tels , de contra-
ter mariage.

  * Metamorphoſ. lib. 9. v. 465.

CHAPITRE V.

Cinquiéme Objection.

Si le Mariage devoit être def-
fendu aux Eunuques parce
qu'ils ne peuvent pas engen-
drer, il devroit l'être auſſi
aux perſonnes âgées que la
vieilleſſe rend incapables de
faire les fonctions du maria-
ge ; & ne leur étant point
deffendu, il ne doit point l'ê-
tre auſſi aux Eunuques.

Réponſe à cette Objection.

CEtte Objection eſt fondée ſur un faux
principe, ſçavoir qu'on n'a droit d'ê-
tre marié qu'entant qu'on eſt capable d'engendrer ; ſi cela étoit , dès qu'un mari &
une femme n'engendrent plus , ou lors
que la femme eſt ſtérile il faudroit les dé-
marier. Ce principe & la conſéquence
qui s'en tire naturellement ſont ſi abſur-
des,

des , qu'il fuffit de les propofer pour les faire rejetter. •

Si cette Objection n'eft point fondée fur ce principe elle eft encore moins foûtenable ; car un homme , à moins que d'être retourné en enfance , ou que d'être attaqué de quelqu'infirmité capitale , eft capable d'engendrer dans quelqu'âge qu'il fe trouve. On voit mille éxemples dans le monde de vieillards qui ont eu des enfans à l'âge de quatrevingt & dix ans , qui eft l'âge le plus avancé de l'homme ; de forte qu'on peut dire qu'un homme bien conftitué peut engendrer toute fa vie ; cependant , s'il étoit tellement décrépit qu'il ne pût faire aucune fonction du mariage , qu'il fût comme un Eunuque, j'avoüe qu'il agiroit contre l'inftitution du mariage , & que le Magiftrat , ou fes Supérieurs Eccléfiaftiques feroient très bien de l'en empêcher en lui repréfentant ce qu'Ajax dit à Ulyffe dans les Métamorphofes d'Ovide,

Debilitaturum quid te petit Improbe munus ?

Qu'il va faire comme le mâle des Alcyons qui étant fi vieux qu'il ne peut fe remuer, s'apparie avec fa femelle & meurt en cet état. A moins que cet homme n'eût eu plufieurs enfans dans fa jeuneffe , ou qu'il eût eu une femme ftérile , en ce cas il peut très légitimement, à mon avis, époufer une femme d'un âge proportion-

H 6   né

né au sien , * parce que le feu de la jeunesse étant passé dans l'un & dans l'autre,
& les inconvéniens que je remarquerai
dans le chapitre suivant n'étans point à
craindre , c'est proprement dans ce cas
qu'un mari recevant beaucoup d'aide &
de secours de sa femme il peut la regarder comme sœur, s'il ne peut la regarder
comme femme , puis que lui ni elle ne
peuvent point procréer lignée.

Mais la principale raison est , que les
gens auxquels on n'a que la vieillesse à
reprocher , auroient pû , peut-être , engendrer , & ont , peut-être , effectivement engendré dans leur jeunesse ; ils ont
donc la faculté d'engendrer , mais ils n'engendrent point en effet ; l'âge est en eux
un obstacle plus puissant que la nature qui
les avoit rendus capables d'engendrer. Or
ne voit-on pas que la nature fait souvent
des efforts , ou que la Providence lui donne des forces par le moyen desquelles elle
surmonte les obstacles de l'âge. † Je ne rapporterai point la Fable du bon Vieillard
Hircus qui pria trois Dieux qui vinrent
chez lui, de lui donner un fils, quoi que
sa femme fût déja fort avancée en âge,
ce qu'ils lui accordérent ; les Sçavans
croyent que c'est l'histoire d'Abraham &
de Sara , déguisée : mais j'alléguerai le
témoignage de Valesque de Tarente qui
dit, comme une chose fort merveilleuse,
dans son *Philonium*, qu'il a vû une femme
qui

qui avoit ses mois à l'âge de soixante ans,
& qui eut un fils à l'âge de soixante-sept
ans. Et le témoignage de Mauricius Co-
deus, qui dit dans son Commentaire sur
le premier Livre d'Hypocrate touchant les
maladies des femmes, qu'il a appris qu'u-
ne Demoiselle a eu ses mois étant âgée de
soixante & dix ans, & qu'elle avoit con-
çû un enfant bien ormé, dont elle avoit
avorté pour avoir été trop agitée du mouvement d'un Coche dans lequel elle avoit
été. La Loi *si major* au Code *de legitim.*
Hæred. parle d'un enfant mis au monde par
une femme qui avoit passé cinquante ans.
Cornelia dont Pline parle, eut après soi-
xante-deux ans Volusius Saturninus qui fut
Consul. Et le Docte Joubert dit positivement, qu'une femme mariée à un Coû-
turier dans la Ville d'Avignon, nommé
André, domestique du Cardinal de Joyeu-
se, continua d'enfanter jusqu'à l'âge de
septante ans. Mais si la nature ne peut
pas surmonter ces obstacles, Dieu qui est
le Maître de la nature, ne les surmonte-
t-il pas souvent, en donnant des enfans
à des femmes qui ont perdu l'espérance
d'en avoir, *Sara, & Anne, qui depuis
† fut mère de Samuel, en sont des exemples. Il donne, dit le Psalmiste, à celle qui étoit stérile la joye de se voir dans
sa maison la mère de plusieurs enfans. § Le
Prophete Esaïe dit la même chose, &
l'expérience l'a justifié si souvent qu'il n'y
a point lieu d'en douter.   II

* Genes. ch. 21.   † 1. Samuel. ch. 1.   § Esaïe ch.
54, v. 1.

Il y a donc bien de la différence entre le mariage des Vieillards & celui des Eunuques. Dieu se sert souvent de moyens humains pour faire des Miracles. Les personnes fort âgées peuvent servir de moyens, mais les Eunuques n'ayans point ces moyens, ils ne peuvent point être des instrumens dans la main de Dieu pour faire ces miracles. Ainsi on peut dire que, ni naturellement, ni surnaturellement, ils ne peuvent point engendrer, & que par conséquent ils ne sont en nulle maniére, ni capables, ni dignes du mariage.

CHA-

CHAPITRE VI.

Sixiéme Objection.

Quand la femme qui épouse un Eunuque sçait qu'il est Eunuque, & qu'elle n'ignore point les conséquences de son état, il doit lui être permis de l'épouser si elle le souhaite, parce que volenti non fit injuria.

Réponse à cette Objection.

CEtte maxime *Volenti non fit injuria*, est établie par le Droit Civil, & par le Droit Canon ; l'un dit, *que usque adeò autem injuria quæ fit liberu nostru, nostrum pudorem pertingit, ut etiam si volentem filium quis vendiderit patri, suo quidem nomine competit injuriarum actio, filii verò nomine non competit, quia nulla injuria est quæ in volentem fiat ;* l'autre Droit dit que, *scienti & consentienti non fit injuria ;* Elle est tirée de la Loi 145. ff *de diversis regulis juris,* qui

porte,

---

* L. 1. §. usque adeò 5. ff. de injuriis & famosis libellis lib. 47. tit. 10. * Sext. decretal. lib. 5. tit. de regul jur. Regula 25.

porte, que *nemo videtur fraudare eos qui sciunt & consentiunt* ; & elle est en quelque sorte expliquée par le §. *si intelligatur. 6.* de la Loi prémiére, *Dig. de Ædilitio Edicto. Si intelligatur vitium, morbus que mancipii ut plerùmque signis quibusdam solent demonstrare vitia, potest dici edictum cessare ; hoc enim tantùm intuendum est ne emptor decipiatur.* Pour pouvoir conclure qu'une femme est trompée volontairement & de son consentement, il faut qu'il conste & qu'il apparoisse clairement & manifestement qu'elle n'a été ni induite, ni séduite ; qu'elle a sçû les defauts de l'Eunuque, & les incommoditez qu'elle en souffriroit, sans cela elle est trompée, & elle est trompée par surprise & non pas volontairement. J'ajoûte qu'il faut qu'une femme soit assurée de sa continence & de sa chasteté, qu'elle sçache que les defauts de l'Eunuque, & les incommoditez qu'elle en souffrira, mettront l'une & l'autre de ces deux vertus très souvent à l'épreuve, & qu'elle pourra sûrement soûtenir toutes ces épreuves, sans cela, présupposé que *volenti non fiat injuria* le Magistrat ni ses Supérieurs Ecclésiastiques ne doivent point lui permettre de s'exposer à la tentation, & de se mettre dans un danger évident de tomber dans le crime comme je le ferai voir dans la suite de ce chapitre ; il ne doit point lui permettre par conséquent de se marier ; l'Objection tombe dans ce cas. Il y a d'autres exceptions à cette régle générale, que les Jurisconsultes rapportent ;

par

pàr éxemple, *si quis puellam volentem rapue-
rit ; si quis filium volentem interverset, Si quis
servum volentem corrumpat ; & plusieurs autres semblables. Le sens véritable de cette maxime est, qu'une personne qui a con-
senti à l'injure qui lui a été faite, ne peut
point agir par action d'injure contre l'in-
juriant.   Voici donc l'application qu'il
faut faire de cette maxime au cas du mariage d'un Eunuque.   Lors qu'un mariage est déclaré nul par, ou à cause de l'impuissance du mari , il n'est pas seulement
condamné à rendre la dote qu'il a reçuë
de sa femme, pour laquelle il n'est point
admis ni reçû à faire cession de biens,
mais aussi aux dommages & intérêts envers elle, & elle n'est point tenuë à la
restitution des bagues qui lui avoient été
données.   Mais lors qu'elle a sçû, avant
que de l'épouser, qu'il étoit impuissant,
elle peut bien faire casser son mariage,
ou plûtôt faire dire qu'il n'y en a point,
mais elle ne peut pas intenter l'action
d'injure ou de dommages & intérêts, parce que volenti non facta suit injuria.   Elle
mérite qu'on lui fasse ce reproche d'Horace * Prudens emisti vitiosum, dicta tibi est
lex, insequeris tamen hunc & lite moraris
iniqua.   C'est là la Jurisprudence universelle de tous les Païs.   Mais pour répondre solidement & d'une maniére qui soit
sans replique à cette Objection, je ne
puis faire rien de mieux que de me servir

I

des

---

* Novell. 22. cap. per occasionem. 6.   † Lib. 2
Epist. 2. v. 18.

des termes du Docte Cyprærus, tels qu'ils
font contenus dans les Articles 41. & 42.
du Paragraphe treiziéme du chapitre neuviéme de fon excellent Ouvrage , *de Jure*
connubiorum : en détruifant l'Objection ils
finiront auffi très dignement ce chapitre
& cet Ouvrage. ,, *Quæritur fi mulier fpado-*
,, *ni vel Eunucho fidem dederit , non ignara*
,, *eum hoc vitio affectum , vel poft fponfalia re-*
,, *fciverit , eum virum non effe , & nihilomi-*
,, *nus nuptias confummare cupiat , id ei conce-*
,, *dendum fit? Et fi quidem conftiterit eum ad*
,, *commixtionem conjugalem inhabilem effe , nup-*
,, *tiæ illi interdicendum & fponfalia diffolvenda*
,, *exiftimaverim.* I. *Quo? lege Divina fpado-*
,, *nes probibeantur mariti fieri. Deuteronom.*
,, 13. *Itaque nec illis mulieres nubere poffunt.*
,, 2. *Quod & Imperatorum conftitutionibus id*
,, *vetitum eft.* 3. *Quod ejufmodi conjugium Be-*
,, *nedictionis non fit capax.* 4. *Quod nulla if-*
,, *tarum caufarum propter quas conjugium à Deo*
,, *inftitutum eft , hic locum habeat.* 5. *Prop-*
,, *ter periculum , ne mulier alibi amori operam*
,, *dare incipiat , (ut eft natura hominum procli-*
,, *vis ad libidinem) & conjugio, cujus ufum nul-*
,, *lum habere poteft , pro velamento turpitudi-*
,, *nis utatur. Nec ad rem facit quod mulier fciens*
,, *volens nuptias illas cupiat ; Nam in re tanti mo-*
,, *menti Magiftratus eft partibus confulere qui fuis*
,, *commodis confulere non poffunt , cùm perire vo-*
,, *lens audiendus non fit. Nam verendum eft, ut di-*
,, *xi , ne mulier ejus pertæfa conjunctionis alium*
,, *porsum quærat quo fe fe recipiat, ut Theogni-*
,, *dis verbis utar. Quibus incommodis Magi-*
,, *ftratum*

* L. 6. de Appellat.

,, *ftratum mederi oportet* , *usque adeò ut etsi*
,, *de viri vitio aut morbo non quæratur uxor* ,
,, *nihilominus hisce nuptiis intercedere debeat.*

Sed quid si mulier sciens volens spadoni nup-
serit , *& matrimonium consummatum sit ?*
Resp. sibi Imputare debet quæ ei quem scit vi-
rum non esse , *nupserit. Interim tamen ma-*
trimonium ἄγαμος γάμος ; *id est pro nullo ha-*
bendum est , *ut quod contra leges inter eas per-*
sonas coïerit , *quæ matrimonio jungi non pos-*
sunt. Quâ de Causâ etiamsi eum facti non pœ-
niteat , *nihilominus à Viro discedere debere* ,
& si nolit , *segregandam esse existimaverim.*
Neque enim mulier prava & legibus prohibita
suâ conniventia recta sicere potest. Et Con-
jugium confirmatur officio carnali , *Verum an-*
tequàm confirmetur , *impossibilitas officii solvit*
vinculum conjugii. 33. Quæst. 1. cap. 1. Verba
Augustini. Quamvis contra sentiat Papa Ale-
xander , *vel ut alii volunt* , *Lucius* , *cap. requisi-*
visti , *33. Quæstione prima* , *qui vult eas quæ pro*
uxore haberi non possunt , *pro sororibus haben-*
das ; *quod vix est ut defendi possit* , *idque*
propter illas , *quas commemoravimus causas.*

F I N.